大学一年生のための
情報リテラシー

小棹理子 編著

丸善出版

ま え が き

　本書は、社会人として活躍する人材に必要とされる情報リテラシーを大学在学中に身につけていただきたい、という思いから生まれたテキストです。情報社会の今日、どのような職業分野においてもコンピュータをはじめとする情報機器とインターネットに代表されるネットワークを使いこなす力が求められます。その一方で、急速に進展するネット社会では規範が確立されていないことも多く、マナーや倫理、セキュリティの問題など、個々で考えて対処すべき事例が多々あります。本書では、情報環境や機器の基本的な動作原理を理解し、ネット社会で行って良いことと悪いことを自分で判断し、仕事をこなすためのツールとしてアプリケーションソフトウェアを利活用できるようになることを目的としています。

　本書は全7章からなっています。それぞれの章で目指していることは以下の通りです。第1章の「ICT環境の理解と活用」では、情報社会のコミュニケーションを行うために必要な資源を活用できるようになること。第2章の「コンピュータと情報理論」では、自分が使う情報機器の基本を理解し、管理できるようになること。第3章の「インターネット」では、歴史も含めて今日のネット社会の状況を理解し、行って良いことと悪いことを自分で判断できるようになること。第4章の「インターネット資源の活用」では、SNSなど、これからさらに拡大するインターネット資源を使いこなせるようになること。第5章の「文書（ビジネス文書とレポート）作成」では、ビジネス文書や報告書の重要性と書式を理解し、これらを作成するためのツールとしてワープロソフトを使うこと。第6章の「問題発見のための分析と統計」では、これからますます重要となる問題発見と現状分析・課題整理のためのツールとして表計算ソフトを活用すること。第7章の「プレゼンテーション」では、プレゼンテーションそのものの意義と組み立てに主眼をおき、その支援ツールとしてプレゼンテーションソフトを活用すること。

　上記の目的を達成するために、自分で考えたり、調べたり、グループで討議したりする演習を取り入れています。授業で適宜取捨選択していただきたいと思います。また、各章の学修割合と目標を明確にするために、ルーブリックの一例を添付しました。

　明治大学情報メディア部の和田格様には、絶版となった教科書『情報リテラシーテキスト』を部分的に本書の第5章に転載させていただく許可をいただきました。ここに深謝申し上げます。

　2018年2月

著者を代表して　小棹　理子

著 者 紹 介

内海　太祐（1.1 ～ 1.3 節）
　湘北短期大学 総合ビジネス・情報学科 教授、工学博士

小棹　理子（1.4 節、3.1 ～ 3.2 節、3.4 節、5.4 節、6 章）
　湘北短期大学 総合ビジネス・情報学科 教授、工学博士

近藤　佐保子（1.5 節、3.3 節）
　湘北短期大学 リベラルアーツセンター 非常勤講師
　（明治大学、法政大学、跡見学園女子大学 非常勤講師）

中村　亮太（2 章）
　湘北短期大学 総合ビジネス・情報学科 准教授、博士（工学）

高嶋　章雄（4 章）
　湘北短期大学 総合ビジネス・情報学科 准教授、博士（工学）

比嘉　文一郎（5.1 ～ 5.3 節、7 章）
　元 湘北短期大学 非常勤講師
　（東京薬科大学 非常勤講師）

（執筆順、2018 年 2 月現在）

目　次

1　ICT 環境の理解と活用 ……………………………………………………………… **1**

　1.1　ICT 環境の理解 ……………………………………………………………………… 1

　　1.1.1　PC ……………………………………………………………………………… 1

　　1.1.2　スマートフォン、タブレット ………………………………………………… 2

　　1.1.3　ソフトウェア …………………………………………………………………… 2

　　1.1.4　ネットワーク …………………………………………………………………… 2

　　1.1.5　周辺機器 ………………………………………………………………………… 3

　　1.1.6　アカウントと ID ……………………………………………………………… 3

　1.2　ICT に関する基本用語 ……………………………………………………………… 4

　　1.2.1　ファイルとフォルダ …………………………………………………………… 4

　　1.2.2　ドライブとネットワークドライブ …………………………………………… 4

　　1.2.3　インストールとアップデート ………………………………………………… 4

　1.3　PC やスマートフォンの管理の重要性 …………………………………………… 4

　　1.3.1　セキュリティの重要性 ………………………………………………………… 5

　　1.3.2　個人レベルで情報セキュリティを維持する際のポイント ………………… 8

　1.4　E メール ……………………………………………………………………………… 8

　　1.4.1　E メールソフト ………………………………………………………………… 9

　　1.4.2　メールのマナー ………………………………………………………………… 10

　1.5　著作権 ………………………………………………………………………………… 12

　　1.5.1　著作権とは ……………………………………………………………………… 12

　　1.5.2　著作権の例外 …………………………………………………………………… 13

　　1.5.3　インターネットと著作権 ……………………………………………………… 14

　　1.5.4　ソフトウェアにおける著作権 ………………………………………………… 15

　　1.5.5　著作権に関する国際的動向と調整機関 ……………………………………… 16

　　1.5.6　わが国におけるダウンロードをめぐる著作権法改正について …………… 16

2　コンピュータと情報理論 …………………………………………………………… **19**

　2.1　コンピュータとは …………………………………………………………………… 19

　2.2　コンピュータの基本構成 …………………………………………………………… 20

2.2.1	CPU	21
2.2.2	メモリ	22
2.2.3	ストレージ	22
2.2.4	コンピュータと周辺装置との接続方法	24
2.2.5	OS とアプリケーション	25

2.3 情報理論 27

2.3.1	コンピュータの情報の扱い方	27
2.3.2	アルゴリズム	30
2.3.3	プログラミング	31

3 インターネット 35

3.1 インターネットの歴史 35

3.2 インターネットのしくみ 36

3.2.1	ドメイン名と IP アドレス	37

3.3 インターネット上のトラブル 38

3.3.1	インターネット上のトラブル事例	38
3.3.2	インターネット上のトラブル事例の解説	40

3.4 効果的な検索 44

3.4.1	検索サイトの特徴	44
3.4.2	Google の活用	45
3.4.3	クリエイティブ・コモンズ	47

4 インターネット資源の活用 49

4.1 クラウドコンピューティング 49

4.2 各種オンラインサービス 50

4.2.1	情報の保存	50
4.2.2	情報の作成と共有	50
4.2.3	既存サービスのオンライン展開	53

4.3 Google ドライブによる情報の作成・保存・共有 54

5 文書（ビジネス文書とレポート）作成 59

5.1 文書 59

5.1.1	文書とは何か	59
5.1.2	文書の種類	60

5.2 ビジネス文書の作成 60

viii　　　目　次

　　5.2.1　実用的な文書の作成ポイント ･････････････････････････ 60
　　5.2.2　ビジネス文書の基本構成 ･･･････････････････････････ 61
　　5.2.3　目的や用途に応じた文書作成 ･････････････････････････ 64
　　5.2.4　その他の文書作成上の留意点 ･････････････････････････ 66
　5.3　レポートの作成 ････････････････････････････････････ 66
　　5.3.1　レポートとは何か ･･････････････････････････････ 66
　　5.3.2　感想文（作文）や小論文との違い ･･･････････････････ 67
　　5.3.3　レポートの種類 ･･････････････････････････････････ 69
　　5.3.4　論証型レポート作成のポイント ･････････････････････ 69
　　5.3.5　論証型レポートの基本構成 ･････････････････････････ 70
　　5.3.6　情報の検索・収集と整理 ･･･････････････････････････ 71
　　5.3.7　アウトラインの作成 ････････････････････････････ 72
　　5.3.8　引用の仕方、出典の示し方、注の付け方、文献リストの作成方法 ･･････ 73
　　5.3.9　その他の留意点 ･･････････････････････････････････ 74
　5.4　文書作成やレポート作成のための Word の機能 ･･･････････････ 75
　　5.4.1　文字の入力と編集の基本スキルチェック ･･･････････････ 76
　　5.4.2　案内文などを作成するための基本スキルチェック ･･･････ 76
　　5.4.3　レポートを作成するためのスキルチェック ･･････････････ 78

6　問題発見のための分析と統計 ･･･････････････････････････ **81**

　6.1　Excel の基本 ･･･････････････････････････････････････ 81
　　6.1.1　Excel の概要 ･････････････････････････････････ 81
　　6.1.2　Excel の画面構成 ･････････････････････････････ 82
　　6.1.3　データの入力 ･･･････････････････････････････････ 83
　　6.1.4　計算式の入力 ･･･････････････････････････････････ 84
　6.2　表とグラフの作成と問題発見 ･･･････････････････････････ 88
　　6.2.1　傾向の発見と予測 ･･･････････････････････････････ 88
　　6.2.2　複合グラフの応用 ･････････････････････････････ 91
　6.3　関数の応用 ･･････････････････････････････････････ 92
　　6.3.1　リストの設定 ･･･････････････････････････････････ 92
　　6.3.2　VLOOKUP 関数の入力 ･････････････････････････ 94
　　6.3.3　セルの書式設定の変更 ･･･････････････････････････ 95
　　6.3.4　SUM 関数の入力 ･････････････････････････････ 95
　　6.3.5　ROUND 関数の入力 ･････････････････････････ 96
　　6.3.6　IF 関数：空白時のエラー値を非表示にする ････････････ 97

7 プレゼンテーション 99

7.1 プレゼンテーションの基礎 99

7.1.1 プレゼンテーションとは何か 99

7.1.2 プレゼンテーションの種類 100

7.1.3 プレゼンテーションのポイント 101

7.1.4 プレゼンテーション本番までの流れ 102

7.1.5 プレゼンテーションの構成 103

7.2 資料作成と事前準備 104

7.2.1 資料作成の手順とポイント 104

7.2.2 情報検索・収集の仕方と注意点 105

7.2.3 構成と内容 106

7.2.4 資料作成時の注意点 108

7.2.5 リハーサルと全体の見直し 108

7.3 プレゼンテーションの実践とマナー 109

7.3.1 プレゼンテーションを実施する上での留意点 109

7.3.2 プレゼンテーションへの参加の仕方 110

7.3.3 マナーについて 111

7.3.4 プレゼンテーションの評価 111

7.3.5 プレゼンテーション能力の向上を目指して 112

索引 115

●Android は Google Inc. の商標です。

●Word、Excel、PowerPoint、Windows は米国マイクロソフト社の登録商標です。

●Mac、iOS は米国およびその他の国で登録された Apple Inc. の商標です。

●丸善出版は Dropbox, Inc. との提携関係またはスポンサー関係を締結していません。

ルーブリックについて

　ルーブリックとは、学生が何を学修するのかを示す評価の項目と、学生が到達しているレベルを示す具体的な評価基準をマトリクス形式で示す評価指標です。これにより、学生は学修目標が理解しやすくなります。また、複数の教員で同一科目を担当する場合に評価の公平性を保つことができます。本書では、学生が当該科目を受講して獲得できる能力（授業の具体的到達目標）に準じて達成すべき目標項目を設け、それぞれの項目の達成度合いを評価するためのルーブリックの他に、プレゼンテーションで自己評価する際に役立つルーブリックを掲載しています（p.113 参照）。

ルーブリック

評価基準 / 評価規準	ポイント	優	良	要再学習
1．ICT 環境の理解と活用	10	10	7	3
① ICT コミュニケーションツールの活用 Windows PC を活用して文字や記号を入力し、文書やファイルをトラブルなく保存・送信・印刷ができる。 きちんとしたビジネスメールが書ける。 ② 著作権の理解 著作権とはどのような権利なのか理解できる。				
2．コンピュータと情報理論	10	10	7	3
① コンピュータの構成の理解 コンピュータの基本構成と各構成要素の特徴を理解し、作業目的に応じてコンピュータを適切に選択することができる。 ② コンピュータの情報処理のしくみの理解 コンピュータが文字や数値、音などの情報を処理する方法を説明できる。 コンピュータに目的の仕事を行わせるための命令 (プログラム) の仕方が理解できる。				
3．インターネット	10	10	7	3
① インターネットの理解 歴史、ドメイン、URL、通信方式の概要を理解している。 ② インターネットの活用 行って良いことと悪いことが理解でき、トラブルを回避できる。 インターネットを活用して効果的な検索ができる。				
4．インターネット資源の活用	5	5	3	1
① インターネット資源の理解と活用 オンラインストレージや CGM など、クラウドコンピューティングを利用したオンラインサービスを理解し、活用できる。 ② 情報の作成・保存・共有 Google ドライブなどのオンラインサービスを利用し、ビジネス文書の作成・保存・共有ができる。				
5．文書とレポートの書き方	30	30	20	10
① PC とワープロソフト（Word）の活用 1 ページ程度の案内・告知・報告文がかける。 (Word の機能として書式設定、段落、ページ設定、ヘッダー、インデント、表・図形・SmartArt の挿入、テキストボックス、見出しやアウトライン、校閲機能が活用できる) ② ビジネス文書の作成 ビジネス文書の構成にそって文書を作成できる。 ③ レポートの構成 レポートの構成を理解し、2 ～ 3 ページのレポートを作成できる。				
6．問題発見のための分析と統計	20	20	12	6
① 表計算ソフトの表計算・グラフ作成機能の活用 表やグラフを作成し、問題を発見することができる。 ② 表計算ソフトの応用 関数等を使いこなして、仕事を効率よくこなすことができる。 (Excel の機能として表計算、基本関数、罫線、オートフィル、絶対参照、グラフ作成、並べ替え、フィルタなどを活用できる)				
7．プレゼンテーション	15	15	10	4
① プレゼンテーションの理解 プレゼンテーションの組み立てと表現方法を理解し、プレゼンテーションソフトを用いて資料を作成し、5 分程度の発表を行うことができる。 (PowerPoint の機能としてテーマ設定、アウトライン、レイアウト、図形等挿入、アニメーション、印刷資料の作成などを活用できる) ② 他人のプレゼンテーションの評価 プレゼンテーションを評価するポイントを理解し、改善点を見出すことができる。				
合計	100	100	66	30

1 ICT環境の理解と活用

--- 学修目標 ---

① ICTコミュニケーションツールの活用
   Windows PCを活用して文字や記号を入力し、文書やファイルをトラブルなく保存・送信・印刷ができる。きちんとしたビジネスメールが書ける。
② 著作権の理解
   著作権とはどのような権利なのかを理解している。

　ICT（Information and Communication Technology）とは、情報通信技術の略称です。情報処理や通信に関連する技術・産業・設備・サービスなどを指します。最近では、教育・職務の場だけでなく、私たちの生活にも深く浸透し、さまざまな場面で使われるようになってきました。

　ICTを理解し、使いこなすことができれば、仕事や私生活で有利になります。このテキストを通して、実践的なICTの知識を身につけましょう。

1.1　ICT環境の理解

　身の回りの環境に、どのようなICTがあるのか理解しましょう。

1.1.1　PC

　これは、一般的なICTの装置です。PC（Personal Computer、パーソナルコンピュータ、パソコン）には多種多様なものがあり、目的に応じて使い分けます。標準的な形状（図1.1）ではないPCも存在します。詳細は第2章で説明します。

図1.1　標準的な形状のPC

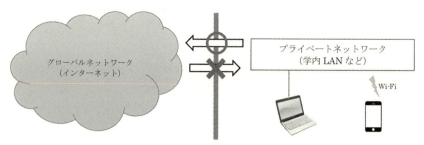

図 1.2　プライベートネットワークとグローバルネットワーク

1.1.2　スマートフォン、タブレット

　スマートフォン（Smart Phone、SP、スマホ）やタブレットは携帯性に優れ、大変便利です。アプリの機能性、安全性を理解していれば、さまざまな面で活用することができます。しかし、スマートフォンやタブレットは PC と同じではありません。それぞれ特徴があり、使用に適さない場面もあります。この違いを理解しておくことも重要です。

1.1.3　ソフトウェア

　PC やスマートフォンなどの装置（ハードウェア）を動作させるための数多くのソフトウェアがあります。大きく分けると基本ソフトウェアと応用ソフトウェアの 2 つがあります。

　基本ソフトウェアは、一般的に**オペレーティングシステム**（Operating System、OS、オーエス）とよばれます（以下 OS とよびます）。代表的な OS として、Windows10、macOS、Android™、iOS などがあります。

　応用ソフトウェアは、OS 上で動作するソフトウェアです。アプリケーションソフトウェア、アプリケーション、アプリともよばれます（以下アプリケーションとよびます）。代表的なアプリケーションとして、Microsoft Office、Google Chrome、Twitter、LINE などがあります。詳細は 2.2 節で説明します。

1.1.4　ネットワーク

　PC やスマートフォンはネットワークに接続し、オンライン状態で利用することが一般的です。基本的な区分として、有線か無線かという違いがあり、細かくは通信規格や認証方法の違いがあります。

　接続するネットワークには、大きく分けて 2 つの種類があります。世界中に広がるグローバルネットワークと大学等組織内に展開するプライベートネットワークです（図 1.2。詳しくは第 3 章で取り扱います）。両者の間では必ずしも自由に通信できるわけではないため、注意が必要です。

　ネットワークへの接続には、LAN ケーブル、セキュリティキー、通信事業者が発行する SIM カードなどが必要です（図 1.3）。

1　ICT 環境の理解と活用　　3

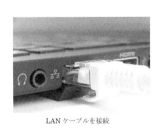
LAN ケーブルを接続

無線 LAN の設定

スマホの接続状態表示

図 1.3　ネットワーク接続の例

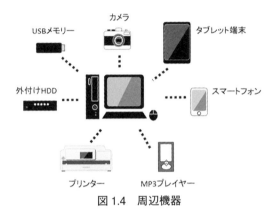

図 1.4　周辺機器

1.1.5　周辺機器

　PC やスマートフォンでは、図 1.4 に示すような周辺機器を利用することがあります。たとえば、モニター、マウス、プリンターなどです。何かを入力したり出力したりする必要性に応じて、有線または無線で本体に接続される装置の総称です。

1.1.6　アカウントと ID

　情報システムを利用するときには、それを利用する権利が必要です。これをアカウントといい、登録や購入、または組織・団体へ所属することで取得できます。アカウントは主に、ID と初期パスワードの提供という形で引き渡されます。システムを利用するためにアカウントを認証することを**ログイン**（あるいは**ログオン**、**サインイン**）といいます。

　ID（Identification）とは、情報システムが使用者を識別するためのコードです。たとえば "s17a101@shohoku.ac.jp" といったメールアドレスの形式や、"s17a101" といったアルファベットと数字の形式が一般的に用いられ、ログイン画面などで入力を要求されます。

　個人の認証方法は、パスワードの文字列だけとは限りません。指紋認証やカード認証など、さまざまな方法があります（図 1.5）。

図 1.5　さまざまな ID 認証

1.2　ICT に関する基本用語

この節では情報機器を扱う上で必要な、いくつかの基本的な用語について解説します。

1.2.1　ファイルとフォルダ

レポートをワープロでまとめたデータ、家計簿をまとめたデータ、プレゼン用の資料をまとめたデータなどはそれぞれ一つのデータのまとまりとしてコンピュータに管理されます。このデータのまとまりを**ファイル**とよびます。また、ファイルの入れ物を**フォルダ**とよびます。たとえば、レポートを作成するのに使用した画像、文書、表計算などのすべてのファイルを一つのフォルダにまとめて管理することができます。

1.2.2　ドライブとネットワークドライブ

ファイルやフォルダは何らかの装置に保存され、読み書きされます。読み書きされる装置のことを**ドライブ**といいます。ネットワークを通じてファイルやフォルダを保存するときに使われる装置は**ネットワークドライブ**といいます。

1.2.3　インストールとアップデート

コンピュータシステムにソフトウェアを導入することを**インストール**といいます。新しいソフトウェアをインストールすることで、コンピュータを新しい用途で使用することができます。また、導入されているソフトウェアを機能の向上、セキュリティ上の修正などの目的で更新することを**アップデート**といいます。

1.3　PC やスマートフォンの管理の重要性

みなさんが普段使っている PC やスマートフォンには、自分にとってほぼすべての個人情報が入っている場合もあります。これらの情報が流出した場合の被害は非常に大きいです。

こうした被害を回避するためには、セキュリティに対する正しい知識と少しの心がけをもつことが大切です。PC やスマートフォンにいくつか基本的な設定を行うだけでも、情報流出のリスクを大きく軽減させることができます。情報端末の管理は、現代の情報社会において必須のスキルとなっています。

1.3.1　セキュリティの重要性

　情報漏えいが起こる要因は、大きく分けて 3 つに分類されます。

　一つ目は**人為的な要因**です。具体的には管理ミスや誤操作、詐欺等です。自ら情報漏えいするためで、当たり前のことに思えますが、情報漏えいのもっとも大きな原因です。

　二つ目は、**物理的な要因**です。具体的には、使っている端末の紛失や盗難、また画面操作が可能な状態で長時間放置していた際に第三者に端末を操作されるなどです。

　三つ目は、コンピュータウィルスなどの**不正ソフトウェア**に情報を盗まれる場合です。コンピュータウィルスとは、パソコンやスマートフォンの脆弱性を利用して情報を盗んだり、端末を遠隔でコントロールしたりする悪意のあるプログラムを指します。コンピュータウィルスの感染には、インターネット閲覧中に感染する場合、感染している USB メモリを利用した場合、フリーソフトインストール時に付随してくる場合など、非常に多くの感染パターンが存在します。ほとんどのコンピュータウィルスはネットワーク経由で動作をしますので、感染が疑われる場合はケーブルを抜く、ネットワークを無効化するなどの措置が有効です。

　もっとも大切なことは、これらの被害を未然に防ぐことです。セキュリティと聞くと難しく聞こえますが、基本的な部分や設定はそれほど難しくありません。以下に端末のセキュリティ維持に有効な方法について記載しますので、実践してください。

（1）PC（Windows）の場合
① Windows Update（ウィンドウズアップデート）

　Windows には、セキュリティホールとよばれる脆弱性が常に存在しており、ウィルスはこれを足掛かりに攻撃を仕掛けてきます。Windows の開発元であるマイクロソフト社から、パッチとよばれる修正プログラムが随時提供されており、これをインストールすることを、Windows Update とよびます。

② アンチウィルスソフト、ファイアウォールの設定

　アンチウィルスソフトはウィルス対策のソフトウェアです。いろいろな種類がありますが、必ずインストールしましょう。アンチウィルスソフトはシステム上に常駐し、ウィルスを検知し削除してくれます。ウィルスを特徴づける定義ファイルを手掛かりにウィルスを検出するので、定義ファイルは常に最新のものに更新するように設定してください。

　ファイアウォールとは、PC への不要な通信を遮断するプログラムのことです（図 1.6）。これによりウィルスプログラムによる不正な通信を防ぐことができますが、設定を誤ると必要な通信まで遮断してしまうことがあるので注意してください。

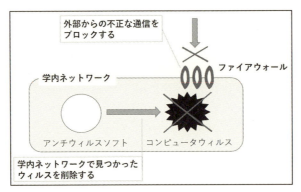

図 1.6　コンピュータウィルスとファイアウォールについて

③ ユーザアカウントの種別を把握する

　普段使っているアカウントが、そのパソコンでどのような権限を持っているかを意識してください。常時強力な権限をもつアカウントで利用していると、ウィルスプログラムが実行された際の被害が大きくなる場合があります。

　Windowsの権限には、Administrators（管理者、PCに対して何でもできる）、USERS（一般ユーザ、ソフトのインストールや細部の設定変更はできない）などがあります。

④ フリーソフトの利用に注意する

　フリーソフトの中には、別のソフトを一緒にインストールするものがあります。それが悪質なソフトである場合もあるので、やみくもにソフトのインストールをせず、またインストール時に余計なソフトのインストールが選択されていないか、必ず確認するようにしてください。他の不要なフリーソフトが選択されている場合、チェックをはずしてダウンロードをしないようにしましょう。また、利用規約は必ず読みましょう。

(2) スマートフォンの場合

① 画面のロックを有効にする

　画面のロックを有効化することで、紛失・盗難時に被害を受けにくくなります。図1.7に示すように、一般的には「設定」を選択し、「プライバシー」等より有効にすることができます。

② OSのアップデート

　スマートフォンの場合、新バージョンが配信された時点で通知があり、更新が可能です（図1.8）。新バージョンはセキュリティホールが解消されているのが通常ですが、配信されたばかりのものには別の不具合があることも多いため、更新は慎重に実施してください。配信されてから数日待ち、不具合がないかどうかをインターネット等で調べることも有効です。

1 ICT 環境の理解と活用　　7

図 1.7　iPhone パスコード設定画面

図 1.8　Android アップデートインストール選択画面

③ アンチウィルスソフトのインストール・定義ファイル更新

　スマートフォン向けにも多くのアンチウィルスソフトが提供されていますので、PC と同様にインストールするようにしてください。

　2016 年時点で、1000 万種以上のウィルスが存在していますので、スマートフォン、とくに Android へのウィルス対策ソフトのインストールは必ず実施してください。

④ アプリケーションのインストール

　必ず信頼できるマーケットからダウンロードするようにしてください。iPhone、Android にはそれぞれ AppStore、Play ストアといったマーケットがありますが、AppStore の方がより審査が厳しくなっています。したがって、不正アプリ（≒ウィルス）の総数は Play ストアのほうが多いのですが、いずれにせよインストール時には細心の注意が必要です。

⑤ 遠隔でのスマートフォン管理機能の利用

　万一スマートフォンを紛失した場合、この管理機能で端末をロックしたり、データを消去したりすることができます。ただし、この機能の利用には設定が必要になりますので、利用の際には必ず事前に動作チェックを行ってください。

1.3.2　個人レベルで情報セキュリティを維持する際のポイント

　はじめに、画面ロックをかけるなど、端末の保護を実施してください。

　次に、端末の OS やアンチウィルスソフトの状態を最新の状態に保つことが必要です。そのうえで、アンチウィルスソフトによるスキャンを定期的に実施してください。また、不用意に怪しい URL をクリックしない、リンク先の URL をよく見るなど、注意を払った操作をすることも大切です。

　端末をネットワークに接続しているということは、常に情報流出の危険性を持っているということです。そうした危険性を正しく認識したうえで、PC やスマートフォンを活用するようにしてください。

1.4　E メール

　コミュニケーションの取り方にはいろいろあります。人と人が顔を合わせて話し合うフェイストゥフェイス・コミュニケーション、電話での面談予約、葉書を使ったあいさつや連絡、ファクシミリでの注文、E メールを使った連絡や案内、LINE を使ったゼミ連絡……。インターネットの登場によって、コミュニケーションツールは多様化しており、目的・用途により適切なツールを選択して使いこなすことが重要です。これらを情報量の観点から分類すると、次のようになります。

- ・視覚情報：E メール、手紙、葉書、ファクシミリ、SNS（twitter）など
- ・音声情報：**電話**（声色、トーンなど微妙なニュアンスも付加される）など
- ・視覚・音声情報を含む：**面談**（相手が口に出さない感情・思考も推測できる）、LINE など

　E メールはネット・コミュニケーションツールの代表的なものです。ビジネスパーソンは、平均的に一日に 20 通ほどの E メールをやり取りしています。また、アンケート*¹によると、仕事上、E メールを周囲とのコミュニケーションをとるための主な手段としてあげている人は 99.1％ともっとも多く、ついで電話（90.1％）、直接会う（74.1％）、となっています。つまり、上記の 3 つのコミュニケーション手段を使い分けており、その中でもE メールの比重が高い、ということになります。今のうちから、ビジネスツールとしてのメールコミュニケーションを理解し、身につけておくことが必要です。

＊1　「ビジネスメール実態調査 2017（平成 29 年）」、一般社団法人日本ビジネスメール協会（2017）、http://businessmail.or.jp/archives/2017/06/02/7246、閲覧 2018.1.26.

Eメールは速くて便利ですが、上述のように基本的には文字だけで表現するために、微妙なニュアンスや感情が伝わらずに誤解を招くこともあります。また、パソコン、携帯電話、スマートフォンなど、異なる機器でやりとりすることも考慮にいれなければなりません。お互いに気持ち良く、的確に意図を伝えるためには、相手を思いやることを忘れずにマナーにのっとったメールを書くことが必要です。

1.4.1 Eメールソフト

メールソフト（メーラー）にはさまざまなものがあります。無料で利用できるWebメールであるGmail、Outlook、Mozilla Thunderbird、Yahoo!Mailなどのほか、パソコンにインストールして使用するBecky!やShurikenなどがあります。どのようなメールソフトでも、ヘッダー部分と本文からなっており、これらの正しい使い方を理解することが必要です。

図1.9は、Gmailでメールを新規作成した際に表示される画面です。To、CC、BCC、From、件名（Subject、Title）をヘッダー部分とよぶことにします。以下に簡単に各領域のポイントをまとめます。

- To：宛先アドレスを書きます。区切り記号を入れて、複数書くこともできます。区切りはカンマ（,）が多いようです。
- CC（Carbon Copy、カーボンコピー）：「控え」を送るために使います。本文を送りたい主な相手以外にも内容を知らせたい、確認してもらいたい、などという場合、ここにアドレスを書きます。

図 1.9　新規メールの作成画面

- BCC（Blind Carbon Copy、ブラインドカーボンコピー）：CC 同様、この欄に書かれたアドレスには同じメールが送信されますが、受信者には、他のメールアドレスが見えません。送信先が互いに知り合いでない場合、アドレスを知らせずに多数に同じメールを送ることができます。
- 件名（Subject、サブジェクト、またはタイトルともいう）：本文の内容がわかるように、簡潔に書きます。
- 本文：要件を書く部分です。
- 署名（Signature、シグネチャ）：送り主の名前、所属、メールアドレス、電話番号など、受け取った相手が連絡を取れるように書きます。ただし、公開して良い範囲の情報にとどめます。

1.4.2　メールのマナー

円滑なコミュニケーションを行うために、次のような基本的な作法・マナーに気をつけましょう。

- 件名を必ず書く

  仕事で多数のメールを受け取る人は件名で重要度を判断します。内容を簡潔に表現した適切なタイトルをつけるようにします。

- 本文の最初に、敬称や所属を含めた宛名を書く

  ××先生、○○株式会社　△△課長　□□様、など。宛名は、アドレスの入力ミスで他の人に届いた、といった事故を防ぐうえでも重要です。

- 宛名の後の一行目で自分を名乗る

  携帯メールで相手のアドレスが登録されていれば、対応する名前が表示されますが、PC でメールを受け取る場合は通常、メールアドレスが表示されます。とくに携帯メールを PC で受け取る場合は、アドレスから相手を特定することは難しいので、必ず最初に名乗るようにします。

- 夜遅く・朝早くの送信は避ける

  相手が携帯などで受信設定している場合もあり、相手にとって迷惑です。

- ♪や顔マークはできるだけ使わない

  機種により文字化けを生じる場合もあります。また、目上の人に対しては使わないのが無難です。

- 添付ファイルに注意

  ファイルの添付忘れや容量オーバーで、重要なファイルが相手に届かない場合があります。確認してから送信するようにしましょう。

- メールへの返信

  Toで自分にメールが届いた場合は、1日以内になんらかの返信をするようにします。相手は、届いたかどうか不安に思っているはずです。前述の「ビジネスメールの実態調査」のアンケート結果では、24時間以内に返信がないと「遅く感じる」、という回答が4割程度を占めています。ただし、CCやBCCで自分に届いた場合は、基本的には「お知らせ」として送られていますので、返信は不要です。

以上、基本的なメールの書き方の注意点を述べましたが、良いメールを書くためには、もう一点、注意すべきことがあります。図1.10は、前述のアンケート[*1]で、「メールを受け取って不快に感じたことがある」と答えた51％の回答の理由を示したものです。

10項目のうちの6項目は、メールのマナーよりも、文章力、日本語力の不足が指摘されています。メールを送る前に、相手の立場になって再度読み直し、内容を十分に吟味してから送ることが重要です。

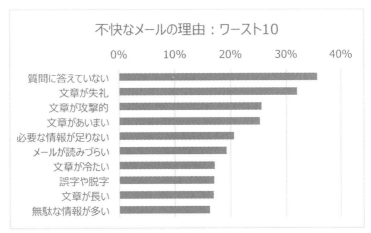

図1.10 「不快なメールを受け取ったことがある」回答者が不快に感じた理由[*2]

[*2] 「ビジネスメール実態調査2017（平成29年）」、一般社団法人日本ビジネスメール協会（2017）、http://www.sc-p.jp/news/pdf/170602PR.pdf をもとに作成、閲覧2018.1.26.

演習　1-1

3～4人でグループを作ります。

(1) 自己紹介メールを作成して、グループ内で送ってください。教員には控えを送ってください。

(2) グループ内のメンバーに、互いのメールアドレスがわからないようにして、次の内容をわかりやすくアレンジしてお知らせを送ってください。内容は、4月22日（水）、12：20～13：10に開催される誕生会です。場所は6号館イベントホールで、ゲームなどを行います。軽食が用意されます。学生証を持参する必要があります。

1.5　著作権

　なぜ、知的所有権といわれるものが必要なのでしょう？　小説、絵画、楽曲、発明、……これらを最初に作り出すことはそれなりに費用も労力もかかります。それが保護されることなく、他の人が自由に利用できるならば、誰も最初に創作しようとしなくなるでしょう。そうなれば、新しいものは作られなくなり、文化は衰退してしまいます。そのため、文化の健全な発展のためには、人の知的創造物を保護する必要があるのです。形のある「物」ではありませんが、文化の健全な育成のために、創作者に一定の独占的な権利を与えて保護する制度が必要であり、それが**知的所有権**（無体財産権）とよばれるものなのです。

　さまざまな知的所有権について規定した一連の法律をまとめて**知的所有権法**とよんでいます。知的所有権の対象は、産業に寄与する産業財産権と、文化・芸術に寄与する著作権の2つに大別することができます。

1.5.1　著作権とは

　著作権は文化・芸術に関わり、社会の文化的発展に寄与するものです。今日のインターネットの発達により誰もが簡単に著作権者や、その侵害者になり得る状況になりました。

　著作権は創作者だけでなく、それと一定の関係にある人の権利をあわせて保護しています。つまり、著作者自身の権利と著作隣接権を保護したものなのです。

（1）著作者自身の権利

　著作者自身の権利とは、いうまでもなく著作物を創作した本人のもつ権利です。この著作者自身の権利は、著作者人格権と著作財産権にさらに分かれます。

① 著作者人格権

著作者人格権は、その人が著作者本人であることに関する名誉などを保護した権利とされています。これには著作権法上、次の 3 つがあります。著作者人格権は、一身専属的で、本人の死亡により消滅すると考えられます。

・著作物公表権：著作物を公表するか否かは著作者の自由である。
・氏名表示権：氏名を表示するか、またどのような氏名を使うかは本人の自由である。
・同一性保持権利：著作物の内容を本人に無断で変更したり、一部削除したりしてはならない。

② 著作財産権

次に著作財産権は、著作者が著作物の利用などに関してもつ、財産的利益をいいます。通常、著作権というと、狭い意味ではこれをさします。財産的な利益ですから、譲渡したり相続したりでき、保護期間は著作者の死後 50 年（映画は公開から 70 年）です。これにはいろいろなものがありますが、代表的なものに以下のような権利があります。

・複製権：著作物をそのまま有形的に再生する権利。
・公衆送信権：公衆に直接受信されることを目的として、無線通信または有線電気通信を行う権利。インターネットを利用して送信する権利はこれに属する。
・貸与権：著作物の複製物を公衆に貸す権利。
・翻案権：著作物のアイディアをもとに、新たな著作物を創作する権利。

(2) 著作隣接権

著作隣接権とは、著作者と一定の関係にある人を保護する権利です。具体的には、歌手や舞踊家、演奏家、俳優などの実演家や、レコード製造者、放送事業者等を保護しています。一定の著作物には、専門的技術をもって解釈・伝達してくれる人が必要です。また、著作物を普及させるのには、専門的に複製物を作って頒布してくれる業界が必要でした。そのため、作品の解釈者・伝達者を保護してきたのが著作隣接権です。

しかし、今日ではインターネットを利用して実演家の実演を誰でも簡単にアップロードして頒布することも可能になりました。つまり、今日のインターネット社会では、著作者自身の権利だけでなく、この著作隣接権も脅かされつつあるのです。

1.5.2　著作権の例外

どのような権利も、その権利を守ることによって制限される権利と相対していることが多く、著作権も例外ではありません。著作権は、著作物の自由な利用の制限の上に成り立っています。著作権は文化の健全な発展のために認められていますが、著作権だけを保護してその利用があらゆる場合に非常に困難になってしまっては、かえって文化は衰退してしまうでしょう。そのため、著作権法は、「原則的に著作権を認め、一定の場合に『例外』として、自由な利用を許可する」という形で、著作者の独占権と、他の人の利用権と

のバランスをとっています。代表的な例外規定を 2 つ紹介します。

（1）引用の例外

まず、代表的な例外規定の一つに**引用**があります。引用とは、「自己の著作物の中に他人の著作物を引いて用いること」をいいます。ただし、無制限にできるわけではありません。引用は、「報道、批評、研究その他の引用の目的上正当な範囲」で行わなければならないとされています。何が引用にあたるかについては、必ずしも明確ではないこともありますが、最高裁判所の判決で示された 2 つの基準を以下に示します。

- ・引用をしている側の表現の形式から、引用している側と、されている側の著作物を明瞭に区別して認識できること。
- ・引用する側の著作物が主、引用される側の著作物が従の関係が認められること。

なお引用の場合には、引用著作物の出所明示が義務づけられています。また、ときおり、著作物を要約して用いてしまった例をみることがありますが、要約は一種の「改変」にあたり、同一性保持権や翻案件に違反すると考えられます。

（2）私的利用の例外

もう一つの代表的な例外規定に**私的利用**があります。私的利用とは、個人的に使用したり、家庭内やこれに準ずる限られた範囲内において使用したりするのであれば、許可なく利用してもよいという例外です。「家庭内に準ずる限られた範囲内」が何かについては、「ごく親しい少人数の友達の間」とか「4 〜 5 人の親友なり知人が集まった場ぐらい」とされています。ただ、インターネットでは、これがどのような範囲をさすかということには具体的基準が立てにくいという難しさもあります。

1.5.3　インターネットと著作権

次に、インターネット利用にあたり、著作権が問題になりそうな点をみていきましょう。

（1）送受信と複製

まず、前提の確認です。インターネットにデータを送信したり、インターネットからデータを受信したりすることは、著作権上の**複製**にあたります。

（2）私的利用の範囲

著作権の例外として認められる私的利用は、とくにインターネット上ではその範囲の決定が難しいといわれています。インターネットを通じて、顔も知らない人との新しい密接な人間関係がどんどん形成されていくからです。メールの頻繁なやりとりなど、なんらかの客観的な関係をもって「家庭内に準ずる限られた範囲」と解することが一般的です。

（3）引用の範囲

インターネットからの引用は文章の複製が容易であるため、どうしても長くなりがちです。しかし、自分の文章のほうがわずかになってしまっては、主従関係の基準に照らして、引用の条件を満たしているとはいえません。また、誹謗中傷のために他人の文章を用いるのも、「目的の正当性」の面からやはり引用とはいえません。インターネットからの引用はとくに、基準に該当するか注意して行ってください。

（4）出所明示の方法

引用にあたっては出所明示が必要とされています。インターネットから引用する場合、まず題名については、ホームページのタイトルが表記されている場合にはそのタイトル、タイトルがなければ URL を記載することが必要です。著作者名については、実名またはハンドルネームがある場合にはそれを示しておきます。

（5）リンクと著作権

リンクを貼る行為は、著作権とは直接、関係がありません。リンクが貼られているからといって元の情報が複製されているわけではないので、著作権上の問題は起きないのです。ただマナーの問題として、著作者にできる限り許可を得ることが望ましいでしょう。

（6）報道記事と著作権

単なる事実の伝達には著作権がありません。報道記事については、それが単なる事実の伝達なのかそれ以上の創作性があるのかが問題となります。実際には、ほとんどの新聞記事について新聞社側は著作権があると主張しているようです。今後、報道機関側とユーザ側がともに納得できるルールづくりが形成されていく必要があるでしょう。

（7）CD、DVD 等における著作権の構造（著作権と著作隣接権）

1 枚の CD には作詞家、作曲家の著作権（複製権・公衆送信権）があり、通常、JASRAC（日本音楽著作権協会）が管理しています。また、レコード会社の複製権と公衆送信権、実演家の公衆送信権といった著作隣接権もあります。さらに、CD ジャケットについても製作したレコード会社に著作権があり、アーティストの肖像にはパブリシティ権という経済的な権利もあります。1 枚の CD にも、さまざまな人々のいろいろな権利が幾重にもかさなって存在しています。

1.5.4 ソフトウェアにおける著作権

プログラムなどのソフトウェアは、著作権からみると、以下のような種類があります。

(1) PDS（パブリック・ドメイン・ソフトウェア）

　著作権が完全に放棄されたソフトウェアは PDS（パブリック・ドメイン・ソフトウェア）とよばれます。日本では著作権について無方式主義をとっているので、自動的に著作権が発生し、原則的にパブリック・ドメインということはありません。

(2) フリーウェア

　「フリーソフト（フリーウェア）」には著作権がないと誤解されていることがあるようですが、フリーソフトとは、著作権が作成者に留保されながら、複製・配布が自由かつ無償なソフトウェアのことをいいます。著作権者が、自己の著作権に基づいてどのような条件をつけるかはまったくの自由ですから、利用に際しては、よく利用条件を確認してください。

(3) シェアウェア

　シェアウェアとは、一定期間無料で「試用」できますが、継続して使用する場合にはライセンス料を支払う方式のソフトウェアのことをいいます。個々のユーザが試用期間を過ぎても代金未納で継続使用したときに著作権侵害の問題が生じることになり、基本的には、著作権法で保護されている一般の有料ソフトウェアと同じと考えるべきものです。

1.5.5　著作権に関する国際的動向と調整機関

(1) ヴェルヌ条約の制定とその考え方

　インターネットについての国際条約としては、1886 年に制定された「文学的および美術的著作物の保護に関するヴェルヌ条約」があります。この条約では「無方式主義」が採用され、著作権については登録など何ら手続きを要求せず、その権利が保護されます。2013 年現在で 166 ヶ国が加盟しており、わが国もヴェルヌ条約とその後のすべての改正条約に加入しています。

(2) 世界知的所有権機関（WIPO）と国際協調

　世界で知的所有権の問題を扱う専門的な機構として、国連の専門機関である WIPO（世界知的所有権機関）があります。著作権保護の国際標準を考える場合、実際は各国のおかれた文化や経済の状況によって、その立場はさまざまです。欧米を中心とした先進諸国で多くの文化が開発されている中で、こうした先進諸国に早く追いつこうとしている途上国にとって、著作権料は負担になることが考えられます。こうした「先進国 VS 途上国」という対立の図式の中で、知的所有権の国際的調整は大変難しい要素をもっているのです。

1.5.6　わが国におけるダウンロードをめぐる著作権法改正について

　従来から著作物の無断のアップロードは公衆送信権違反で違法と考えられてきた一方で、ダウンロードは私的利用の例外にあたり、違法ではないと考えられていました。しか

し、2009年に改正された著作権法では、違法にアップロードされた音楽・映像を違法と知りながらダウンロードする行為についても違法となりました。この改正では、罰則は設けられませんでしたが、2012年にさらに改正し、有償の著作物を違法ダウンロードする行為に対しては罰則規定を設けました。今日では、違法にアップロードされたものと知りつつダウンロードした場合には、罰則の対象となります。

演習 1-2

（1）文化庁の著作権に関する下記ページの「映像で学ぶ著作権～トラオ リュータ ハナコ Copyright Story!!」にアクセスして、映像を見た感想をグループでまとめてみましょう。
　http://chosakuken.bunka.go.jp/eizou/broad/top.html

（2）知的財産権を保護するために使用される ©、®、TM の意味を調べてください。

---

2 コンピュータと情報理論

・・・・● 学 修 目 標 ●・・・・・・・・・・・・・・・・・・・・・・・・・・・・・・・・・・・・・・・

① コンピュータの構成の理解

コンピュータの基本構成と各構成要素の特徴を理解し、作業目的に応じてコンピュータを適切に選択することができる。

② コンピュータの情報処理のしくみの理解

コンピュータが文字や数値、音などの情報を処理する方法を説明できる。

コンピュータに目的の仕事を行わせるための命令（プログラム）の仕方を理解している。

「コンピュータとはどのようなものか」、「コンピュータはどのようなしくみで動くのか」、これらを理解することで、コンピュータやソフトウェアの扱いが上手になります。また、コンピュータの基礎知識があれば、新しい技術が誕生しても柔軟に対応することができます。本章では、コンピュータの基本的な構成や動作のしくみ、周辺機器について説明します。そして、文字や数値、音などの私たちが扱う情報を、コンピュータではどのように処理しているのか、また、コンピュータに目的の仕事を行わせるにはどのように命令すればいいのかについて簡単に説明します。

2.1 コンピュータとは

一般的にコンピュータというと PC（パーソナルコンピュータ）を指すことが多いですが、**サーバ**とよばれる企業の情報システムなどで用いられる、大規模で高性能なコンピュータもあります。また、家電製品や自動車にも**マイクロコンピュータ（組込コンピュータ）**とよばれる小さなコンピュータが搭載されています。このようにさまざまな目的に応じたコンピュータがそれぞれ存在し、私たちはコンピュータに囲まれて生活しているといえます。

PC は個人や家庭での利用を目的とした汎用コンピュータを指します。図 2.1 のように PC の中には据え置き型の**デスクトップ PC** や、持ち運びのできる**ノート PC** があります。ノート PC は、**スマートフォン**や**タブレット端末**などとともに**モバイルコンピュータ**

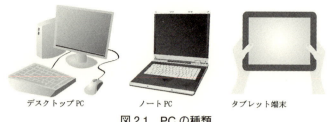

図 2.1　PC の種類

またはモバイル端末とよばれることもあります。また、近年ではメガネ型や腕時計型をした、身につけられるコンピュータ（ウェアラブルコンピュータ）も開発され、将来的に普及することが予測されています。このようにコンピュータは小型軽量化が進み、形状も変化していますが、コンピュータを構成する基本的なしくみは変わっていません。2.2 節ではコンピュータの基本構成について説明します。

2.2　コンピュータの基本構成

　コンピュータを構成している装置には CPU（中央処理装置）やメモリ（主記憶装置）、ストレージ（補助記憶装置）があります。図 2.2 に示すようにコンピュータの基本構成を人間と机に例えると、作業を行う人間が CPU であり、作業するための机上がメモリに相当します。また、データを格納しておくためのストレージは机の引き出しに相当します。コンピュータが作業を行うときは、引き出し（ストレージ）から書類（データ）を取り出し、データを机上（メモリ）に広げ、人間（CPU）が作業を行います。引き出しが多い（ストレージ容量が多い）ということは、より多くの書類（データ）を蓄積できることを表します。机上が広い（メモリ容量が多い）ということは、大量の書類（データ）を同時に広げながら平行して作業を行えます。たとえば、複数の Web ページを一度に開いたり、データ量の多い写真や動画データを編集したりするためには、より広い机（容量の多いメモリ）が必要になります。また、コンピュータに作業を速く行わせるためには、より頭の回転が速い作業人（CPU）が必要になります。

図 2.2　コンピュータの構成イメージ

コンピュータには上記の装置以外に、マウスやキーボードなどのコンピュータへ入力を行うための入力装置、ディスプレイやプリンターなどのコンピュータが処理した結果を出力するための出力装置があります。

2.2.1 CPU

CPU（Central Processing Unit）はプロセッサともよばれ、人間の脳と同じ役割をもつコンピュータの中心的な存在です。私たちが脳からの命令によって身体を動かしたり、物事を考えたりするのと同じように、CPU はコンピュータを構成するさまざまな装置を制御したり、計算したりします。このように CPU はコンピュータの中で非常に重要な役割を担うため、コンピュータの処理能力は CPU の性能に大きく左右されます。CPU の性能は主にクロック数、コア数の 2 つの要因で決まります。

クロック数は**動作周波数**ともよばれます。CPU はこのクロック数に合わせてデータを処理します。例えるならオーケストラの指揮者が指揮棒を振る早さがクロック数です。指揮棒を速く振れば、それだけ演奏のテンポが速くなります。同様にクロック数の数値が大きいほどコンピュータの処理が速くなります。なお、クロック数の数値は Hz（ヘルツ）という単位で表されます（2.0 GHz（ギガヘルツ）、3.6 GHz など）。

CPU 内にはデータを処理する核となる部分が存在します。それは**コア**とよばれています。1 つの CPU の中に 1 つのコアを搭載したものをシングルコアプロセッサ（シングルコア CPU）といいます。これは昔からあるもっとも単純な構成です。一方、複数のコアを集積した**マルチコアプロセッサ**は、CPU 内に複数のコアをもち、それぞれが同時に別の処理を実行することによって処理能力を向上させたものです。2 つのコアを集積したデュアルコアプロセッサ、4 つのコアを集積したクアッドコアプロセッサ、6 つのコアを集積したヘキサコアプロセッサ、8 つのコアを集積したオクタコアプロセッサなどが存在します。コア数は、例えるなら高速道路の車線数といえます。1 車線の高速道路よりも 2 車線のほうが円滑に走ることができるのと同じように、CPU に複数のコアが搭載されている方が複数の処理を円滑に処理できるため、全体の処理時間が短くなります。現在では 2 つ以上のコアを搭載した PC が主流となっています。スマートフォンにおいても CPU 内に複数のコアが搭載され、高性能化が図られています。

以上のように CPU はクロック数、コア数などによって処理能力が大きく変わり、コンピュータ全体のパフォーマンスを決定する要因となります。たとえば、高画質な写真や動画をコンピュータで高速に処理するためには、より高性能で処理能力に優れた CPU が必要になりますが、高性能になるほど高価なものになります。また　コンピュータグラフィックスの進歩にしたがって、美しい画面を作るためには CPU の処理だけでは足りないことがあります。そこで現在のコンピュータではグラフィックの処理を補助する GPU（Graphics Processing Unit）が搭載されています。

2.2.2 メモリ

CPU にとってメモリは作業場所（机上）に相当します。CPU が計算や判断を実行するためには、途中の計算結果などを一時的に記憶しておく必要があります。この一時的にデータを記憶しておく作業場所が**メモリ（主記憶装置）**です。メモリはデータを記憶するための表のようなものであり、表の中のアドレス（番地）とよばれるメモリ上の住所を指定することによって目的の場所にデータを入れたり、目的の場所からデータを取り出したりすることができます。メモリの容量は**バイト（byte または B）**で表されます。この数値が大きいほど大量のデータを同時に扱うことができます。現在では 4 GB 以上のメモリを搭載した PC が主流となっています。

PC では、**RAM（Random Access Memory）**という種類のメモリが使用されています。RAM はメモリ上にデータを読み書きできますが、PC の電源を切るとメモリ上にあったデータが消去されてしまいます。一方で冷蔵庫や洗濯機、テレビのリモコンなどの家電製品には **ROM（Read Only Memory）**とよばれるメモリが使用されています。ROM は RAM と異なり、データを読み出すことしかできません。ROM には、コンピュータの動作に必要なプログラムやデータが工場から出荷される時点で書き込まれており、後で書き換えることはできません。

2.2.3 ストレージ

（1）ハードディスク

前項で説明したように、PC の電源が切れるとメモリ上のデータは消えてしまいます。たとえば PC の電源を切ると、それまで作成していた Word や Excel ファイルが消えてしまいます。電源を切った後もファイルを保存しておくためにはメモリを補助する装置が必要です。そのような装置を**ストレージ（補助記憶装置）**といいます。

ストレージは大容量かつ長期保存可能な記憶装置です。メモリと同様にデータの記憶容量はバイトで表されます。ストレージの記憶容量が大きいほど、作成したファイルやカメラで撮影した写真などを大量に保存することができます。

現在、ストレージとしてもっとも普及している装置は**ハードディスク（HDD）**です。ハードディスクは磁気によって記憶されるため、コンピュータの電源を切ってもデータは消えません。微少な磁石（N 極と S 極）がハードディスク内に並んでいることをイメージしてください。ハードディスクはレコードの針のようにデータの読み書きする場所を指定します。したがって、衝撃を与えると針（磁気ヘッド）が損傷し、レコード（磁気ディスク）に対して読み書きできなくなってしまうため、慎重に扱わなければなりません。また、ハードディスクも消耗品であるため、いつ壊れるかわかりません。外付けのハードディスクや DVD などのメディアにデータをコピーしておく、または、Google Drive や iCloud などのクラウドストレージにデータをアップロードしておくなど、データを**バックアップ**することが重要です。

表 2.1 光学ディスクと容量とそれぞれの種類

メディア	容量	読込専用	一度だけ書込可	繰り返し書込可
CD	約 700 MB	CD-ROM	CD-R など	CD-RW など
DVD	約 4.7 GB	DVD-ROM	DVD-R など	DVD-RW など
Blu-ray Disc	約 25 GB	BD-ROM	BD-R など	BD-RE など

（2）CD、DVD、Blu-ray Disc

ハードディスク以外の補助記憶装置として、CD や DVD、Blu-ray Disc などの光学ディスクとよばれるメディアがあります。光学ディスクもハードディスクと同様に円盤を回転させてデータを読み書きしますが、磁気ではなくレーザ光を用いています。表 2.1 に示すように、光学ディスクはそれぞれ記憶容量が異なり、CD、DVD、Blu-ray Disc の順で記憶容量が大きくなります。文書や音楽、写真データの保存には CD がよく用いられ、動画などのデータ量が多いものには DVD が用いられます。さらに、フルハイビジョン映像のような高画質の動画には Blu-ray Disc が適しています。これらの光学ディスクに対してデータを読み書きするためには、それぞれの光学ディスクに対応した光学ドライブとよばれる周辺装置が必要です。

（3）フラッシュメモリ

フラッシュメモリは、メモリと同様に半導体回路で構成された記憶媒体ですが、メモリとの違いは、電源を供給しなくてもデータを保持させることができる点です。また、ハードディスクや光学ディスクと異なり、ディスクを回転させるしくみではないため、故障が少なく、小型化が可能です。代表的なフラッシュメモリとして、PC の USB 端子に接続する USB フラッシュメモリや、デジタルカメラなどでよく用いられる SD カードがあります。その他にスマートフォンやタブレット端末のような小型で薄いコンピュータに搭載されたフラッシュメモリも存在します。近年では PC のストレージとしてフラッシュメモリの一つである SSD（Solid State Drive）を使用することも増えています。とくに薄型のノート PC では、ハードディスクよりも SSD を搭載したモデルが多く発売されています。SSD は衝撃に強く、ハードディスクよりも高速にデータを読み書きすることができます。また、小型で軽量であり、作動音がないというメリットもあります。しかしながらハードディスクに比べて容量が小さく、価格も高いです。

（4）メディア・ファイルの種類の違いによる記憶可能な容量

ハードディスクは、メモリに比べて桁違いに大きい記憶容量を持っています。現在、主流の PC には 500 GB 以上のハードディスクが搭載されています。表 2.2 に示すように、500 GB の記憶容量があれば、非常に多くのデータを保存することが可能です。一方でスマートフォンのストレージは 64 GB や 256 GB が主流であり、PC に比べると保存できるデータ量は少なくなります。実際にはコンピュータを動かすための基本ソフトウェアや数

表2.2 保存可能な録画時間の目安

撮影モード 画質/フレームレート	64 GB ストレージ	256 GB ストレージ	500 GB ストレージ
720pHD/30fps	約66時間	約264時間	約528時間
1080pHD/30fps	約10時間	約40時間	約80時間
1080pHD/60fps	約6時間	約24時間	約48時間
4KHD/30fps	約2時間	約8時間	約16時間

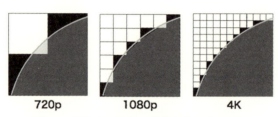

図 2.3 解像度の比較（曲線を表示する例）

図 2.4 フレームレートの比較

多くのアプリケーションが内蔵されているため、表2.2に示す値よりも小さくなる場合があります。また、撮影モードの違いによって録画時間が大きく異なります。

　720pや1080p、4K（ヨンケー）は動画の画質（**解像度**）を表しています。図2.3に示すように4Kの撮影モードではより高精細な動画を撮影することができますが、一方でデータ容量が大きくなるために録画できる時間が短くなってしまいます。その他、図2.4に示すように、動画とは複数の静止画（フレーム）が高速に切り替わって表示されたものです。**フレームレート**とは、1秒間に何枚のフレームが収録されているかを示す値で、この値が大きければ大きいほど滑らかな動きの動画になります。単位としては fps (frame per second：毎秒あたりのフレーム数) を使います。一般的にテレビでは 30 fps (29.97 fps)、アニメは 24 fps (23.978 fps)、映画は 24 fps のフレームレートで表示されています。スマートフォンやビデオカメラなどでは、フレームレートを変えて撮影することができますが、30 fps 撮影モードよりも 60 fps のほうが滑らかな動画を撮影することができます。その一方でデータ容量が大きくなるため、撮影できる時間が短くなります。

2.2.4　コンピュータと周辺装置との接続方法

　ディスプレイやプロジェクターなどの周辺装置とPCを接続するためには有線ケーブル

図 2.5 ディスプレイケーブルの例

または無線を使用します。たとえば、デスクトップ PC 本体と液晶モニターなどのディスプレイを接続するためには、図 2.5 の VGA や DVI、HDMI などのケーブルを使用します。

VGA は D-Sub15 ピンやアナログ RGB ともよばれています。アナログ式であるため、デジタル式よりも画質が悪くなります。なお、映像しかケーブルに通せませんので、音声を出力させるためには、オーディオケーブルを使う必要があります。VGA は古くから存在する接続規格で多くのディスプレイと接続できますが、現在ではデジタル式へと移行しているため、今後登場する PC や液晶モニター、プロジェクターには VGA 端子は搭載されず、HDMI 端子を搭載した製品が主流となります。

DVI は VGA と同様に映像だけを通すことができますが、DVI では劣化しにくいデジタル信号を用いるため、高画質な映像を伝送できます。また HDMI 変換コネクターを使用すれば、HDMI 端子を搭載したデジタルテレビに映像を出力することもできます。多くのデスクトップ PC やディスプレイには DVI 端子が搭載されていますが、ノート PC では HDMI 端子が普及したため、DVI 端子を搭載した製品はほとんどありません。

HDMI は、映像と音声のデータを 1 本のケーブルを用いてデジタル式で伝送することができます。デジタル信号を用いているため、高画質な映像もにじむことなく綺麗に出力されます。液晶モニターだけではなく、ハイビジョン対応の液晶テレビなどにも映像を出力することができます。また、著作権保護機能（HDCP）にも対応しているため、地上デジタル放送の番組やブルーレイコンテンツの表示も可能です。

近年はワイヤレス化が進んでおり、PC やスマートフォンと周辺機器とは無線通信でデータのやりとりが行われることが増えています。Bluetooth（ブルートゥース）や Wi-Fi（ワイファイ）などの近距離無線通信を利用して、映像や音楽をケーブルなしでディスプレイやスピーカーなどで再生することができます。Bluetooth の通信可能距離は約 10 m までで、Wi-Fi は約 100 m までとなっています。

2.2.5 OS とアプリケーション

ソフトウェアとは、コンピュータを動作させる命令や処理の手順がまとめられた指示書を指します。ソフトウェアは、ハードウェアの制御やファイル、メモリの管理などを行う OS（Operating System）とよばれる**基本ソフトウェア**と、特定の作業や業務を目的としたアプリケーションとよばれる**応用ソフトウェアに大別されます**（図 2.6）。

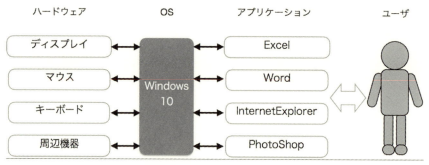

図 2.6　OS：オペレーティングシステム概要図

(1) OS（基本ソフトウェア）

OSはソフトウェアの一つで、入出力装置やメモリ、ストレージの管理、周辺機器やネットワークとのデータ通信の制御などが主な役割で、コンピュータ全体を管理しています。コンピュータに電源が投入されると最初に OS が起動され、電源が落とされるまで動作し続けます。PC 向けの OS として広く利用されているものには Microsoft 社の **Windows** や Apple 社の **macOS** などがあります。また企業などが使うサーバ向けの OS としては **Linux** などの UNIX 系 OS があります。スマートフォンやタブレット端末などでは Google 社の **Android OS** や Apple 社の **iOS** などがあります。

(2) アプリケーション（応用ソフトウェア）

アプリケーションとは、OS の機能を利用し、OS 上で動作する指示書を指します。私たちがよく使用するメールソフトや**ウェブブラウザ**（インターネットブラウザ）、文章作成や表計算のソフトウェアがこれに該当します。アプリケーションは、Windows であればメモ帳や計算機などのように OS に最初から付属しているものもありますし、後からインストールして使用するものもあります。

上記の基本ソフトウェアと応用ソフトウェアの他に、**ミドルウェア**とよばれる基本ソフトウェアと応用ソフトウェアの橋渡しをするためのソフトウェアがあります。ミドルウェアの一例として、**データベース管理システム**（DBMS：Data Base Management System）があります。

―――― 演 習 2-1 ――――

基礎
（1）PC、サーバ、スマートフォンなどに共通するコンピュータの構成要素について、それぞれを冷蔵庫、調理台、料理人に例えて図を描きましょう。

（2）CPU の性能を決定する 2 つ要素をあげ、それぞれの要素とコンピュータの処理速度の関係を表にまとめてください。

（3）メモリの容量が大きいほど、コンピュータで作業する上でどのようなメリットがあるの

かを上記（1）のキッチンの例えを用いて説明してください。

（4）HDD と SSD のそれぞれの長所、短所を表にまとめてください。

（5）教室または自宅のコンピュータについて、OS の種類、スペック（CPU、メモリ、ストレージ）、接続している周辺装置とその接続方法（ケーブル名などを含めて）を調べ、表にまとめてください。

応用
（1）GPU の役割と必要性について調べてください。

（2）動画共有サイトなどで 720p、1080p、4K の映像について、再生するまでに要する時間や画質などについて比較してください。

（3）価格比較サイトで人気のあるノート PC のスペック（CPU、メモリ、ストレージ）に共通することを調べ、表にまとめてください。

（4）ワイヤレス充電の特徴や対応する機器について調べてください。

（5）ウェアラブルコンピュータの登場によってどのようなことが可能となり、生活や社会にどのような変化が起こるかを予想してください。

2.3　情報理論

2.3.1　コンピュータの情報の扱い方

　コンピュータは 0 と 1 のみを用いるデジタル回路で作られています。コンピュータの内部では、数値や文字、色、音、映像などのすべての情報を **2 進数** とよばれる 0 と 1 で表現しています。たとえば、「2020」という数値は「011111100100」、アルファベットの「A」は「01000001」のように表現されます。このように情報を 0 と 1 で表現することを **符号化**、2 進数の 1 桁のことを **1 ビット（bit）** といいます。ビットとは、binary digit（2 進数）の略であり、コンピュータが処理できるデータの最小単位です。しかしながらコンピュータでは、8、16、32、64 ビットのように 8 の倍数のデータを扱うことが多いため、8 ビットを一つにまとめた **バイト** を、データ量を表す単位として用いています。

（1）文字の符号化

　キーボードの文字キーが押されたとき、0と1が組み合わされた符号がコンピュータ内部に伝わります。この符号は**文字コード**とよばれる、文字や記号に一意的に割り当てられた番号を指します。コンピュータの機種やメーカーが異なっていても、共通の文字コードを利用することでコンピュータ間の文字の伝達が可能になっています。1バイト（00000000、00000001、…、11111111の256種類）あれば、大小の英文字、数字、記号の文字に符号を割り当てることができますが、日本語には日常利用するひらがなとカタカナ、また漢字もあるため、1バイトでは足りません。そこで2バイト以上の文字コードを使用しています。この文字コードにもいくつか方式があり、Shift-JISやEUC、UTF-8などがあります。Webページを表示させたときに起こる文字化けの原因の一つは、Webブラウザが文字コードを正しく認識できないことです。

　以上のように文字と数値の対応付けを行うことで、0と1しか扱えないコンピュータにも文字を扱えるようにしています。

（2）数の符号化

　私たちが普段使っている10進数は1、2、3と増え、9の次は桁が上がり10になります。10になったところで桁が上がるために10進数といいます。同じように2進数では0、1と増え、2となるときに桁が上がって$10_{(2)}$となります。右下に小さく記載した(2)は「10」が2進数であることを表しています。10進数と2進数の対応関係は表2.3に示す通りです。

（3）音の符号化

　人間の声や楽器の音は、空気を振動させることによって相手に伝わります。この振動する波のことを**アナログ信号**といいます。音のようなアナログ信号をコンピュータに認識させるためには、図2.7のようにアナログ信号に対してある一定の時間間隔で値を読み取ります。この処理を**標本化**といい、読み取られた値を標本値といいます。標本化をどのくらい細かく行うかについては、サンプリングレート（単位：Hz）という指標で指定します。たとえば、図2.7左図のようにサンプリングレートが5Hzの場合は1秒間で5回（0.2秒

表2.3　2進数と10進数の対応表

10進数	2進数	10進数	2進数
0	$0_{(2)}$	6	$110_{(2)}$
1	$1_{(2)}$	7	$111_{(2)}$
2	$10_{(2)}$	8	$1000_{(2)}$
3	$11_{(2)}$	9	$1001_{(2)}$
4	$100_{(2)}$	10	$1010_{(2)}$
5	$101_{(2)}$	11	$1011_{(2)}$

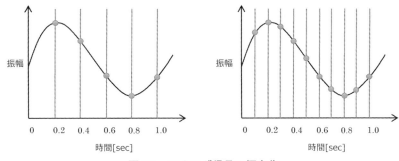

図 2.7　アナログ信号の標本化

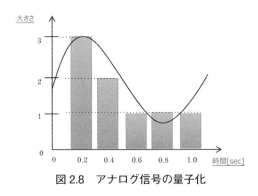

図 2.8　アナログ信号の量子化

ごと)、右図のように 10 Hz の場合は 1 秒間で 10 回（0.1 秒ごと）に標本値を読み取ります。このようにサンプリングレートの高さによってアナログ信号をどのくらい正確に表現するかが変わります。つまりサンプリングレートが高くなればなるほど実際の音に近づきます。

読み取った標本値を何段階かの整数値に分ける手続きを**量子化**といいます。たとえば図2.8 に示すようにアナログ信号に対して 4 段階（0、1、2、3）で量子化する場合、アナログ信号の 0.6 から 1.0 秒後の値は「1」にもっとも近いため、この時間帯の値はすべて「1」としてコンピュータに記憶されることになります。このように量子化ビット数を少なくすると曲線（アナログ信号）と棒グラフ（デジタル信号）との隔たりが大きくなります。原音であるアナログ信号に近づけるためには、細かく量子化し、ある程度高いサンプリングレートで標本化する必要がありますが、その分データ量も大きくなってしまいます。画像についても音と同様に縦と横方向への連続値であるととらえ、標本化と量子化を行うことでデジタル信号に変換しています。

以上のように、連続した値のアナログ信号から、標本値の数値データを順番に並べたデジタル信号に変換することにより、コンピュータがさまざまな情報を扱えるようになっています。

(4) 補助単位

これまでビットとバイトのみを用いてデータ量を説明してきましたが、実際のコン

表 2.4　記憶容量などでよく使われる大きな数値を表す補助単位

補助単位	説明
k（キロ）	1 kB　＝約 1,000 B
M（メガ）	1 MB　＝約 1,000 KB
G（ギガ）	1 GB　＝約 1,000 MB
T（テラ）	1 TB　＝約 1,000 GB

表 2.5　処理時間などでよく使われる小さな数値を表す補助単位

補助単位	説明
m（ミリ）	1 m秒 ＝ 0.001 秒
μ（マイクロ）	1 μ秒 ＝ 0.001 m秒
n（ナノ）	1 n秒 ＝ 0.001 μ秒
p（ピコ）	1 p秒 ＝ 0.001 n秒

ピュータでは 1,000,000,000 バイトのような非常に大容量のデータを扱っています。桁数が多くなると人間にはわかりにくいため、さまざまな補助単位が用いられています。これは距離の単位 m（メートル）に付ける k（キロ）と同じ役割です。表 2.4 と表 2.5 に、補助単位の一例を示します。

2.3.2　アルゴリズム

　同じ料理を作るとしてもどのような手順で作業するかによって調理時間に差が生じます。コンピュータの世界においても同様で、どのような手順でデータを処理するかによって処理時間が大きく変わります。**アルゴリズム（algorithm）**とは具体的な問題が与えられたとき、その問題を解くための具体的な解法のことを指します。アルゴリズムは、特殊な問題を解決するためだけに必要とされるものではなく、日常生活において効率的に活動するために自然と頭の中で考えていることです。

　流れ図（フローチャート）は、アルゴリズムを表現する方法として、もっとも一般的に使用されているものです。流れ図のようにアルゴリズムを視覚的に表現することで自己チェックが行いやすくなったり、他者が理解しやすくなったりと、問題点やより良い方法の発見につながります。図 2.9 に流れ図の一例を示します。

　図 2.9 の「横断歩道を渡る」の流れ図では、一番上の「開始」から処理が始まり、直下の「信号を見る」という処理に移ります。このようにある処理が終了したら直下にある次の処理に進むことを**順次処理**といいます。次にひし形の「信号が青である」という条件に

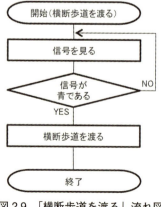

図 2.9　「横断歩道を渡る」流れ図

処理が進みますが、ここで信号が青であればさらに下に進み、そうでなければ上の「信号を見る」という箇所まで戻るという分岐があります。このように条件によって処理を分けることを**分岐処理**といいます。また、「信号が青である」という条件を満たされるまで繰り返し処理が上に戻ることを**繰り返し処理**といいます。以上のように、アルゴリズムには下記の3つの要素があります。

・順次処理：あるの処理を終了したら次の処理を実行する
・分岐処理：ある条件によって2つの処理のどちらかを選択して実行する
・繰り返し処理：ある条件を満たすまで処理を繰り返し実行する

アルゴリズムを考える場合、いくつかの観点からより良い方法を選択する必要がありますが、たとえば効率の良さ（速さ）から選ぶことがあります。アルゴリズムの効率の良さとは、作業回数がどれくらいになるか、作業完了までにどれくらいの時間を要するかという指標です。

2.3.3　プログラミング

（1）プログラミング言語、プログラム、プログラミングとは

コンピュータに何かを処理させるためには、その処理を効率的に行うためのアルゴリズムを考え、そのアルゴリズムをコンピュータに理解できる形式で命令しなければなりません。コンピュータに指示するためには、正確かつ丁寧に行う必要がありますが、膨大な量の指示を正確に記述することは人間にとって大変な作業です。そこで、少しでも人間にわかりやすい形式で効率よく指示書を記述できるように工夫されたものが**プログラミング言語**です。プログラミング言語には、日本語や英語と同様に「単語」や「文法」があります。しかし、人間が話す言語とは異なり、文法の厳密さがあるため、意図した通りにコンピュータを動作させるためには、曖昧さを完全に排除しなければなりません。近年では、C、C++、Java などがよく使用されていますが、これらはそれぞれ機能的な特徴があり、目的に応じて使い分けられます。C や C++ は、OS のような基本ソフトウェアだけでなく、アプリケーション開発にも用いられます。Java は、プログラミング言語の研究が成熟した過程で生み出された言語で、大規模なアプリケーションを開発するために適した言語です。その他、PHP などの Web ベースのソフトウェアを開発するためのプログラミング言語も存在します。なお、プログラミング言語を用いて作成された指示書を**プログラム**といいます。プログラムを用いて、コンピュータに具体的にどのような処理を行わせるかを指示します。また、プログラムを作成する作業のことを**プログラミング**といいます。ソフトウェアを作るという作業の大部分はこのプログラムを作成するという作業です。現在のソフトウェアは大規模化が進んでおり、一般の利用者がごく普通に使っているソフトウェアでも数万行、数十万行のプログラムから作られていることがあります。

（2）プログラミングを学ぶことのメリット

プログラミングの基礎を学ぶことによって、論理的思考の強化や問題解決の向上につな

がります。社会人に必要とされるスキルの一つとして論理的思考力（ロジカルシンキング）があります。論理的思考力とは物事を順序立てて考える力で、論理的思考力を向上させると仕事の作業効率が上がります。プログラミングとは小さい命令をいくつも組み合わせ目的を達成する作業です。したがってプログラミングの学習を進めていくと「どのように指示を出せばいいのか」を考えるため、自然と論理的思考力をトレーニングすることができます。コンピュータはプログラムされていることを正確に実行しますが、それ以外のことは何一つ実行してくれません。コンピュータが意図した通りに動かなければ、その原因はプログラムにあります。現在の問題点を正確に把握し、何度もプログラムを組み直し問題解決をシミュレーションする、このような作業過程はさまざまなビジネスシーンで役立つ問題解決能力の向上につながります。また、プログラミングはコンピュータへの命令作業ではなく、自身のアイディアを表現するものです。アイディアをプログラムとして形にすることは表現力を鍛えるトレーニングになります。

　IT が私たちの生活や社会に普及した現代において、コンピュータのしくみを理解していないことは世の中のしくみを十分に理解できていないともいえます。現在では、電気・ガス・水道などのインフラ、医療・福祉や教育まであらゆるものがコンピュータによって管理・制御されており、ソフトウェアが存在しないと世の中は動きません。そのソフトウェアを生み出すためのスキルであるプログラミングは、世の中のしくみを理解する上で不可欠といっても過言ではありません。

演 習 2-2

基礎

(1) （　）に当てはまる、コンピュータが処理できるデータの最小単位を答えてください。

　　8（　　　）＝ 1（バイト）

(2) 次のファイルを以下の補助単位（k、M、G、T）を使ってわかりやすく示してください。
　　（ア）10 文字のテキストを入力した Word ファイルの容量
　　（イ）インターネット上で見つけコンピュータに保存した 4K 画質の画像の容量
　　（ウ）スマートフォンの今月のデータ通信容量
　　（エ）価格比較サイトで人気の HDD レコーダーの記録可能容量

(3) 普段の朝起きてから自宅を出るまでの過程を流れ図で描いてください。順次・分岐・繰り返し処理をそれぞれ 1 回以上使用すること。

(4) プログラム、プログラミング、プログラミング言語の違いがわかるように表にまとめてください。

(5) Code Studio にアクセスし、平行四辺形を描くプログラムを完成させてください。
　http://studio.code.org/s/frozen/stage/1/puzzle/10

応用

(1) サンプリングレートとデータ量の関係についてわかりやすく表にまとめてください。

(2) 基礎（3）で作成した流れ図を見直し、忘れ物や遅刻をせずに効率よく身支度を進められるように修正してください。

(3) 下記ページにアクセスし、氷上にハートマークを描くプログラムをできるだけ少ないブロック数で作成してください。
　　https://studio.code.org/s/frozen/stage/1/puzzle/20

◆ **参考文献**

1　慶應義塾大学理工学部編、情報学基礎 第 2 版、共立出版（2013）．
2　石田晴久監修、情報科学の基礎 改訂版、実教出版（2010）．
3　大内東 他、文系学生がまなぶ情報学、コロナ社（2013）．
4　きたみりゅうじ、キタミ式イラスト IT 塾 基本情報技術者 平成 29 年度、技術評論社（2016）．
5　米田昌悟、プログラミング入門講座―基本と思考法と重要事項がきちんと学べる本、SB クリエイティブ（2016）．

3 インターネット

━ 学 修 目 標 ━

① インターネットの理解
　歴史、ドメイン、URL、通信方式の概要を理解している。
② インターネットの活用
　行って良いことと悪いことが理解でき、トラブルを回避できる。
　インターネットを活用して効果的な検索ができる。

Web サイトを使った情報検索や商品の購入、E メール、Facebook、LINE、Skype（IP 電話）などを活用したビジネスや個人的なコミュニケーション……。インターネットは私たちの生活になくてはならないものですが、歴史は浅く、50 年ほどしか経っていません。ここでは、簡単な歴史としくみ、さらにインターネット上の情報を利活用するために効果的な検索法について述べます。

3.1 インターネットの歴史

冷戦時代[*1]、アメリカにおいてテロ事件が発生し、その時代の通信の根幹をなしていた電話交換局が被害にあいました。電話回線は、基本的に 1 本の線を使って通信をしているため、一時的ではありますが、全米の軍事回線も使用不能になる事態に陥りました。そのため、軍を中心に新しい通信システムの研究開発が開発されることになりました。1962年、アメリカのランド研究所のポール・バランが**分散型コミュニケーションネットワーク**という新しい通信システムを提唱しました。1965 年には、イギリス国立物理学研究所のドナルド・デービスも、同様の理論を発表し、現在の Internet のデータ通信の基本である、データを小分けして送信するしくみである**パケット通信**をはじめて提唱しました。

現在のインターネットの起源となったのは、アメリカ国防総省の国防高等研究計画局（ARPA）が構築した ARPANET です。実際の通信手段としてパケット通信方式を採用してネットワーク全体を構築しました。1969 年以降、大学など研究機関のコンピュータシ

[*1]　第二次世界大戦後の世界を二分した、アメリカ合衆国を盟主とする資本主義・自由主義陣営と、ソビエト連邦を盟主とする共産主義・社会主義陣営との対立構造が存在する時代（1945 ～ 1960 年初）。

ステムの接続を拡大し、1973年にはイギリスやEUまで拡大することになりました。

1980年代後半には、NSF（全米科学財団）が中心となり、国防目的だけでなく、企業やプロバイダ（インターネットサービス業者、ISP）がかかわり、個人も参加するネットワーク環境NSFNetが構築されることになりました。

1984年には、日本でも東京大学、慶應義塾大学、東京工業大学が主となってJUNETが構築されました。多くの研究機関や企業が参加し、1988年にはWIDEプロジェクトとして拡大し、日本におけるISPを相互接続する重要な役割を担うことになりました。

1995年には、NSFNetが民間に移管され、全米で商用インターネットの動きが活発になりました。同年に発売されたWindows95がインターネットに対応したため、インターネットの個人利用が加速されることになりました。

3.2 インターネットのしくみ

インターネット（Internet）とは、「全世界規模のコンピュータネットワークのネットワーク」です。元来Inter（〜間の）とnetwork（ネットワーク）を組み合わせた造語です。

図3.1のように、個々に構築されたコンピュータネットワークが相互に接続された結果、でき上がったものがインターネットなのです。ここで、LANはLocal Area Network（ローカルエリアネットワーク）の略で、大学、企業、事業所など、小規模な組織ごとに構築されたコンピュータネットワークを指すインターネットを構成する最小単位となっています。LAN同士がネットワークを管理するインターネット事業者（ISP）の拠点施設（NOC）をとおして接続されます。さらに、複数のISPや学術ネットワークは、インターネット上の相互接続ポイント（IX）で相互に接続されています。IXは、高速道路でいうジャンクションに当たります。

個別のネットワーク同士を相互接続するためには、共通のルールや技術が必要です。インターネットの調整は、ICANN（Internet Corporation for Assigned Names and Numbers）やIETF（Internet Engineering Task Force）などの非営利団体が行っています。ICANNは、国

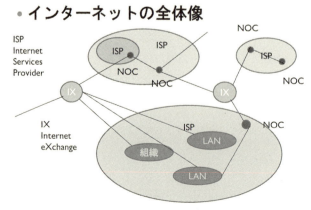

図3.1　インターネットの構成の模式図

際的なネットワーク資源の管理運営で、アドレスも管理しています。日本では、JPNIC（Japan Network Information Center）が管理調整機関として、国内のネットワーク資源の調整を行っています。

3.2.1　ドメイン名と IP アドレス

ドメイン名とは、インターネット上に存在するコンピュータやネットワークを識別するための名前です。たとえば、湘北短期大学の Web ページを構成しているファイルは湘北短期大学の www サーバというコンピュータの中に保存されており、サイトを閲覧する際にはブラウザ（Internet Explorer、Mozilla Firefox、Google Chrome などのアプリケーションソフト）を起動して、http://www.shohoku.ac.jp と入力します。そうすると、図 3.2 のように www サーバからインターネット経由で自分の PC にファイルが送られます。この www.shohoku.ac.jp がドメイン名で、実世界の住所のように階層構造を持っています。実世界では国（日本）の中に都道府県があり、その中に市町村があるのと同じように、jp が日本を、ac がその中の学術研究機関を表し、その中の一つである shohoku、という位置づけになっています。www は、www サーバ（コンピュータ名）です（図 3.3）。

インターネットで実際にデータをやり取りする際には、コンピュータは通信相手を IP アドレスという数字で指定します。IP アドレスは 2 進数 8 桁 × 4（IPv4 の場合）ですが、通常、10 進数に変換して [192. 168. 0. 1] のように 3 桁ずつ "." で区切って表します。

図 3.2　Web ページを閲覧する

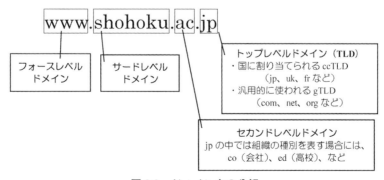

図 3.3　ドメイン名の分解

数字で表すと人間には直感的に伝わらないので、"www.shohoku.ac.jp" のようにコンピュータ名を言い換えているのです。

演 習 3-1

（1）ブラウザを起動し、湘北短期大学の Web サイトを表示させてください。

（2）ブラウザを起動し、URL 窓に、http://182.171.81.188 と入力して表示された結果と、湘北短期大学の Web サーバの IP アドレスを示してください。

（3）ブラウザを起動し、JPNIC のサイトを表示させ、トップページの IP アドレス検索で 182.171.81.188 を検索し、このネットワークを管理している会社を示してください。

（4）DNS とは何か、（3）と同じ JPNIC のサイトで調べてください。

3.3 インターネット上のトラブル

「ネット社会」といわれますが、実際にはインターネットが一般的に利用されるようになってから 20 年ほどしか経っていません。社会として十分にルールやマナーが確立されているわけではないのです。下記に、トラブル事例を 10 個あげました。それぞれのケースを十分に検討したのち、3.3.2 項にある解答例を参考にして再検討してみてください。

3.3.1　インターネット上のトラブル事例

事例 1　ホームページと音楽著作権など（著作権に関するトラブル）

宣伝の目的で行うのであれば、好きな歌手の CD や DVD のジャケットの画像を自分のホームページに掲載したり、30 秒までなら収録されている曲がホームページ上から聴けるようにしたりしてもかまいませんよね？

事例 2　ファイル交換ソフトによるアップロード（著作権に関するトラブル）

ファイル交換ソフトを使って、著作権のある楽曲をダウンロードすることは複製に当たるかもしれませんが、アップロードするだけなら、いちいち許可をとらなくても著作権違反になりませんよね？

事例 3　集合写真の肖像権（肖像権に関するトラブル）

ゼミやサークルの活動を紹介するために、ゼミ合宿に行ったときやサークルのコンパの写真を Web ページに掲載しようと思います。集合写真やスナップ写真の場合は、写っている人の許可をいちいち取らなくても大丈夫ですよね？

事例 4　隠し撮り・盗撮（肖像権に関するトラブル）

本人に隠れて撮った写真でも、顔にぼかしをかけて修正すれば誰か特定できないので、本人には言わないで Web に掲載してもとくに問題ありませんよね？

事例5　匿名性（名誉毀損に関するトラブル）

掲示板に匿名を使って書き込む場合、実名を使っていないということは、現実に自分が文責を負わなくてもよいということなので、人の誹謗なども実名のときよりは自由に行っても問題ないですよね。また、匿名を使えばどこから書き込まれたかはわかりませんよね？

事例6　アルバイト先の情報（名誉毀損に関するトラブル）

学校の近くの飲食店で最近までアルバイトをしていましたが、就労条件が良くなく、おまけに厨房の管理も行き届いていなくて、不衛生に思いました。ユニフォームの洗濯回数も少ないし、先輩からは多少傷んだ食材でも使ってしまえと言われたこともあります。公益のためになるので、実際の店舗名を伏せれば、それが暗示されるような形（たとえば、お店のマークに想像させるデザインを背景にいれるとか）で、ネットにそのことを書いてもいいですか？

事例7　架空請求（ネット詐欺）

自分ではまったく閲覧した覚えがないサイトなのですが、利用料金の督促メールが突然来ました。知らず知らず利用してしまったのかもしれないから、至急、料金を振り込むしかありませんよね？

事例8　フィッシング詐欺（ネット詐欺）

自分の口座がある銀行からと思われるメールが来ました。メールには、「この度、当銀行のセキュリティの向上に伴いまして、オンライン上でのご本人確認が必要となります。一刻も素早いお手続きをお願いします。」と書いてあります。

メールのリンクをクリックしたら、いつもの銀行のサイトと思われる Web ページに飛び、そこで、クレジットカード番号や暗証番号を入力するようになっていたので、急いで自分の情報を入力しました。問題ないでしょうか？

事例9　オークション詐欺（ネット詐欺）

ネットオークションで張り合ったのですが、惜しいところで次点になってしまい、落札できませんでした。がっかりしていたところ、出品者から、「当初の落札者がキャンセルしたので、権利があなたに移りました。」とのメールが来ました。ただし、条件として、「代金を即日、振り込んでいただければ、あなたにお譲りします。」とのことです。当初の落札者はきっと、あんなに無理に競り合うから支払えない額になってしまったのでしょう。せっかくなので、すぐに振りこみました。念のため出品者の評判も確かめたが、評価がよい出品者なので信頼できますよね？

事例10　通常のスパムメール（ネットワークセキュリティ）

「おめでとうございました。あなたが 100 万円獲得の権利に当選しました。」というメールがきました。見ると、メールの最後に「今後、配信の停止を希望の方は、こちらまで空メールを送ってください。」とアドレスが書いてあります。配信停止の措置を

40 3.3 インターネット上のトラブル

とっているのはきちんとしていると思いますし、今後もこうした迷惑なメールが来るの
は困るので、メールを送って拒絶することを伝えてもいいですよね？

3.3.2 インターネット上のトラブル事例の解説

事例1 解答 ×（だめです）

　CD や DVD の楽曲には、さまざまな人の著作権があります。1 曲についてみても、
その曲の作詞家の著作権、作曲家の著作権、実演家（歌手、演奏家など）の公衆送信
権、レコード会社の複製権と公衆送信権などです。いくら宣伝してあげたいという目的
であっても、ネットワーク上にアップロードすることは、それらの権利を侵害すること
になり許されません。時間の問題ではなく、許可がなければ法律上は 1 秒でも違法で
す。またジャケットのデザインにはレコード会社などの著作権があり、そこに実演家の
姿が移っていれば彼らのパブリシティ権もあります。無断で掲載すると、それらの侵害
にもなるので許されません。

事例2 解答 ×

　著作権のある楽曲をネットワーク上にアップロードすることは公衆送信権侵害になり
許されません。送信も受信も複製ですが、従来はアップロードは公衆送信権侵害で違
法、ダウンロードは私的利用の例外にあたるので違法ではないといわれてきました。し
かし近年著作権法が改正されて、違法にアップロードされたものと知りつつダウンロー
ドした場合にも違法となり罰則規定も設けられました（1.5.6 項参照）。

　従来から、ファイル交換サービスを提供するシステムは色々ありましたが、海外でも
日本でも、レコード会社から提訴され、差止請求や損害賠償請求が認められた事例が複
数あります。また、近年、ファイル共有プログラムを書いてアップロードしたプログラ
マが著作権侵害のほう助犯（犯罪行為をする人に道具を提供して手伝う共犯）として刑
事告発され話題になりました。最高裁で無罪が確定しましたが、悪質な場合は、ファイ
ル共有プログラムの提供自体が犯罪になることもあり得るので、注意が必要です。

事例3 解答 ×

　人には、その顔・姿を勝手に使用されない権利があり、これを肖像権といいます。プ
ライバシー権の一つと考えられます。集合写真ですが、司法の立場はこの点については
比較的はっきりしており、顔が識別できる程度にいたるものについては被写体すべての
許可が必要です。掲載の目的は関係ありません。被写体全員の許可をとるか、許可を取
らない場合には顔が識別できないようにぼかすなどの加工をすることが必要になります。

　旅行に行ったときのスナップ写真をブログに掲載するときなどに、バックに関係ない
人が写り込んでしまうことはないでしょうか？　写ってしまうのは仕方がありません
が、顔が識別できるものをネットワークに掲載するなら、同じような配慮が必要となり
ます。

事例4 解答 ×

　肖像権の内容として、人には、無断で自分の顔・姿を撮影されない権利があります。

隠れて撮影すること自体が肖像権の侵害になります。有名人の場合は、肖像に経済的権利もあるので、パブリシティ権の問題も生じます。

「人が通常衣服をつけないでいるような場所」を「ひそかにのぞき見た」行為は軽犯罪法違反になります（通常、トイレや公衆浴場での隠し撮りがこれにあたります）。また、多くの都道府県の迷惑防止条例などで、このような場所に限らず盗撮自体が禁止されています。問題は、顔にぼかしがかかっていると被害者が誰かわからないので、だれの肖像権が侵害されているのかの特定ができなくなることです。盗撮サイトのようなサイトが存在しますが、誰が撮影したものか特定できない、また、顔がぼかされているなどの処置がされていると、被害者も特定できないなどの問題があり、現行犯でないと盗撮を規制しにくいという問題も存在しています。

事例5　解答　×

　ネットワーク上のバーチャルな空間ではハンドルネームで行動することが多いので、そこで起きたことについての責任が現実の自分に帰属するという意識が希薄になりがちです。ハンドルネームを変えれば、現実の自分も別人格になれるような気がすることもあるかもしれません。しかし、バーチャルな空間で起きたことであっても、そこで起きたすべての責任を負うのは現実のあなた自身です。

　公然と他人の社会的評価をおとしめることは、刑法の名誉棄損罪や侮辱罪にあたります。刑事告発されなくても、民事上の損害賠償請求をされる例はよくあります。掲示板やメーリングリストなど、多数の人が目にするものには公然性が認められています。

　管理者は、IPアドレスにより、どのコンピュータから書きこまれたかは特定できます（もちろん、そのコンピュータを誰がそのとき使っていたかまではそれだけではわかりませんが）。どのような名前で書こうとも、インターネットという空間であろうとも、あなたが行ったことの責任は、すべて現実のあなたが負うのだという自覚をしっかりともってください。

事例6　解答　△（できれば他の手段を考えましょう）

　仮にあなたがそれを書いたとしましょう。あなたは、その店舗から名誉棄損に基づいて、損害賠償を求められたり、刑事告訴されたりするかもしれません。ただし、名誉棄損罪には、①真実性の証明があり、②公共の利害に関する事実で、③もっぱら公益を図る目的であったときには免責されます。これは、表現の自由との調整のために設けられた重要な免責規定です。仮にその店舗の衛生管理が不十分であることが本当だとしたら、あなたが書くことは社会に有益かもしれません。そして、あなたはこの3条件を満たすかもしれません。

　しかし仮にそうだとしても、民事で提訴されたり、刑事告発されたりしたら、あなたは自分に免責される条件があることを争わないといけなくなります。上手く証明できなければ賠償責任や刑事責任を負うことになるかもしれません。そのリスクを負ってその手段を選ぶ必要があるでしょうか？

　労働条件が本当に劣悪であれば労働基準監督署（労基署）に相談する方法もありま

す。衛生状態が本当に悪いなら、保健所その他に相談する手段もあるでしょう。まずは
その支店の責任者に相談し、埒が明かなければ、その支店を統括するマネージャなどに
連絡する手段もあるかもしれません。会社組織の中に、そうしたクレームを処理する箇
所があると思われます。学生で、学校から紹介されたアルバイトであれば、学内にそう
した相談窓口も用意されているかもしれません。いきなり不特定多数が閲覧するネット
ワーク上に書くことが適切なのか、慎重に判断してください。

　もう一つ、書こうとしている掲示板やブログなどがどこのものかも問題です。書き込
みを知ったら、店舗は掲示板の管理者に削除要求をしてくると思われます。その意味で
は、学内などではなく、あなたが責任をもって一般プロバイダの個人の掲示板を選ぶべ
きでしょう。

事例7　解答　×

　いわゆる架空請求です。相手方には、単に、詐欺罪が成立します。払ってしまった場
合、あなたは民事上も不法行為として損害賠償請求できますが、実際に加害者側に資金
がなく差し押さえるものもないと、残念ですが払ってしまったお金は戻ってこないこと
が多いのです。ですから絶対に払わないでください。

　また、メールが来るだけならまだしも、ハガキによる架空請求も大変多いのが実情で
す。ハガキが来ると、「住所が知られているのだから督促に来るのではないか」と恐怖
感をもつことにもなります。これは、どこかから住所などの情報が漏えいしたと考えら
れます。

　「間違いの場合はご連絡ください」などと記載されている場合もあって、心配したり
怒ったりして、記載されている番号に電話をしようとする人もいます。しかし、相手は
そこで情報を聞き出すことも一つの目的としています。絶対に電話連絡などもしないで
ください。

事例8　解答　×

　いわゆるフィッシング詐欺です。相手方は特定できればもちろん詐欺罪です。

　フィッシング詐欺とは、金融機関などからの正規のメールや Web サイトを装い、暗
証番号やクレジットカード番号を詐取する詐欺をいいます。日本の銀行を装ったもの
も、数件起きています。

　銀行やクレジット会社のように見えるサイトでも、本物かどうかよく気をつけてくだ
さい。とくに暗証番号、クレジットカード番号などを入力するときは、注意が必要です。

　騙された人にどうしてわからなかったのか聞いてみると、たいがいは「いつも見てい
る本物の銀行の画面をまったく同じだったから」と答えるそうです。

　この詐欺は、経済的損失も大きいことがあり、とても危険です。もしもフィッシング
詐欺のサイトに情報を入力してしまったら、該当するカードをすぐに停止するなどの措
置をとってください。

事例9　解答　×

　いわゆるオークション詐欺です。相手は当然、詐欺罪ですが、振り込んだ代金の回収

はおそらく難しいでしょう。中には手の混んだものもあり、問題の事例では出品者自身かいわゆる「サクラ」が、金額をつり上げるため最初の落札者を装い、心理的な弱みにつけこんで代金を振り込ませようとしているものです。

　数年前にもヤフーに損害賠償を求める集団訴訟が起きており、記事はその時のものです（図3.4）。原告として数百人が集まったことがわかりますが、これも氷山の一角とも言われています。つまり、そのくらいオークション詐欺の被害は多いということを認識してください。

　出品者の情報を見て評判を確かめることは必要ですが、必ずしも信用できません。詐欺犯は、少額のものを何回か出品し、わざと最初に評価をよくしておくことがあります。

　とにかく、急がせる文言が入っているもの、代金を先に請求するものについては注意してください。なるべく代金引換システム等を利用するとよいでしょう。通常、先に代金を振り込ませる理由はないはずです。商品が一点物ではなく、写真が入手しやすいものに多いともいわれています。

事例10　解答　×

　削除しても来続けるスパムメールは本当に不愉快なものですね。また、インターネットは、送信者ではなく受信者側が費用負担をするシステムであるため、定額制ではなく従量制をとっているユーザにとって、スパムメールは経済的な負担も伴うことになります。

　こうした迷惑メールに対処するため、2002年に、「特定電子メールの送信の適正化等に関する法律」が作られました。この法律には、「送信者は……特定電子メールの送信をしないように求める旨の通知を受けたときは、その通知に示された意思に反して、特

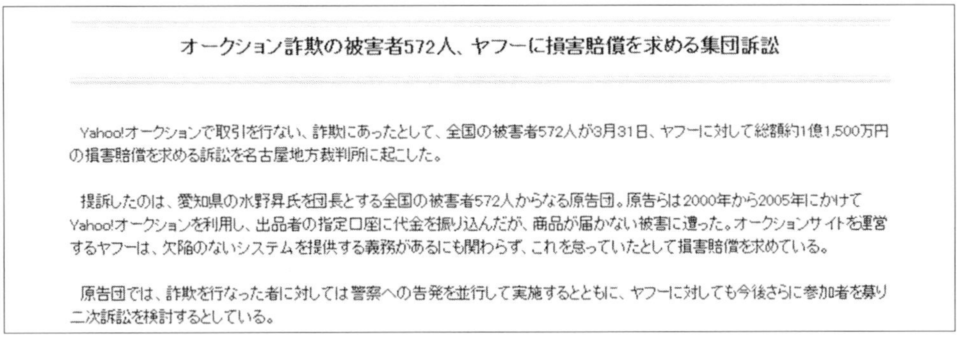

オークション詐欺の被害者572人、ヤフーに損害賠償を求める集団訴訟

　Yahoo!オークションで取引を行ない、詐欺にあったとして、全国の被害者572人が3月31日、ヤフーに対して総額約1億1,500万円の損害賠償を求める訴訟を名古屋地方裁判所に起こした。

　提訴したのは、愛知県の水野昇氏を団長とする全国の被害者572人からなる原告団。原告らは2000年から2005年にかけてYahoo!オークションを利用し、出品者の指定口座に代金を振り込んだが、商品が届かない被害に遭った。オークションサイトを運営するヤフーは、欠陥のないシステムを提供する義務があるにも関わらず、これを怠っていたとして損害賠償を求めている。

　原告団では、詐欺を行なった者に対しては警察への告発を並行して実施するとともに、ヤフーに対しても今後さらに参加者を募り二次訴訟を検討するとしている。

図3.4　オークション詐欺に関する訴訟の記事 [2]

＊2　出典：三柳英樹、「オークション詐欺の被害者572人、ヤフーに損害賠償を求める集団訴訟」、https://internet.watch.impress.co.jp/cda/news/2005/04/01/7083.html、INTERNET Watch（2005.4.1）、閲覧2018.1.26.

定電子メールの送信をしてはならない。」という規定もあります。そして、迷惑メール相談センター（http://www.dekyo.or.jp/soudan/）では、迷惑メールの情報提供を求めています。

しかし、なかなか実行性には乏しく、迷惑メールは後を絶たないのが現状です。

また、この法律に基づき、プロモーションのメールであっても、きちんとした発信元からのメールであれば、配信停止要求ができるような措置がとられています。こうしたものにおいては、配信停止の要求は有効です。しかしスパムメールでは、配信停止ボタンをクリックしたりすると、あなたがメールを受け取り、開いたりしたことがサイトの運営者にわかってしまいます。さらに膨大なメールが来たり、悪質な請求が来るきっかけを作ったりすることになりかねません。したがって、迷惑メールは開かず、またもし開いてしまっても、URL などのリンク先はクリックしないでください。

3.4 効果的な検索

インターネットから情報を得るために Google や Yahoo! などの検索サイト（検索エンジンともいう）を使うことが多いと思いますが、なかなか知りたい情報にたどりつけなかったり、検索結果の量が多すぎたりして迷ったりすることがあります。検索サイトそれぞれの特徴を理解して使いこなすことが重要です。

3.4.1 検索サイトの特徴

検索サイトは、その特徴からディレクトリ型、メタ検索型、ロボット型に分類されます。

ディレクトリ型では、目的サイトの URI*3 を目次から探すように、調べたい対象を大分類から小分類にカテゴリ別に階層をたどるように探します。

それに対し、**ロボット型**では、索引から探すように、検索のためのキーワードを入力して該当する Web ページの URI リストを生成します。インターネット上に公開されている Web ページの情報を、「クローラ」、または「ロボット」や「エージェント」とよばれるソフトウェアを用いて収集しているため、このようによばれています。クローラが収集した Web サイトのコピーのことを「キャッシュ」といいます。検索サイトは、このキャッシュからインデックス（索引）をあらかじめ作成しておき、入力されたキーワードをこの中から探し出します。情報収集頻度が高く、圧倒的な情報量を持っているので、現在では主流となっています。

---

*3　Uniform Resource Identifier：情報のある場所を指定するための表記方法。たとえば、ブラウザで web サイトを表示させる際に、http://www.shohoku.ac.jp などと書きますが、http は、Hyper Text Transfer Protocol を意味し、Web サーバからブラウザへデータを転送する際のプロトコル（規約）として Hyper Text Transfer Protocol を使う、という指定をすることを意味しています。

3　インターネット　　45

図 3.5　AND、OR、NOT 検索の例[4]

　メタ検索型は、入力されたキーワードを複数の検索サイトに送信して、得られた結果を表示しますので、「横断検索エンジン」ともよばれています。

3.4.2　Google の活用

　Google は、ロボット型の検索サイトですので、キーワードをうまく選び、以下のオプションを活用すると効果的な検索が可能です。ここでは、具体例をあげて、検索方法を紹介します。

(1) ブーリアン（Boolean）検索（AND、OR、NOT）

　複数のキーワードを組み合わせて検索条件を作ります。たとえば、"著作権" と "音楽" の両方のキーワードを含むサイトを探す場合は、検索窓に "著作権 AND 音楽" と入力します（図 3.5）。どちらかを含む場合は、"著作権 OR 音楽" になります。"著作権" を含むが、"音楽" を含まないサイトの検索は NOT 検索と言います。"著作権 − 音楽" と入力します。条件によってヒット数が異なることも確認してください。

(2) フレーズ検索

　"音楽 著作権" のように、2 つの言葉をダブルクオテーションで囲むと、この順の連続語として扱われます（図 3.6a）。

---

[4]　Google および Google ロゴは Google Inc. の登録商標であり、同社の許可を得て使用しています。

```
"音楽　著作権"
```

(a) フレーズ検索

```
*著作権
```

(b) 部分一致

```
著作権　filetype:pdf
```

(c) ファイル形式

```
Q&A site:www.cric.or.jp
```

(d) サイト内検索

図 3.6　さまざまな検索手法（1）

(3) 部分一致

　わからない文字がある場合は、代用としてワイルドカード（＊）を使うことができます。例（図 3.6b）では、＊の代わりに「ビジネス著作権」や「文化庁著作権」などが検索結果に含まれます。

(4) ファイル形式

　「filetype:」に続けてファイル形式を指定することができます。例（図 3.6c）では、pdf ファイルのみが検索結果に表示されます。

(5) サイト内検索

　サイトを指定して、その中を検索することもできます。「site:」に続けてサイトを指定します（図 3.6d）。

(6) 画像検索、ニュース記事検索など

　検索結果を図 3.7 にあるようにカテゴリーをしぼって検索することができます。

(7) その他オプション

　［設定］から［検索オプション］をクリックすると、新たなページが開きます。検索オプションでは、前述のブーリアン検索のほか、言語、地域、更新日時などで絞り込みを行うこともできます。画像検索では、検索オプションで色を指定して絞り込むことも可能です（図 3.8）。

　ページの最下段に「ライセンス」があります。4 段階のライセンスでフィルタリングできるようになっています。もっとも制限の低い「営利目的を含め自由に使用、共有、または変更できる」画像も探すことができます。

図 3.7　さまざまな検索手法 (2)[*4]

図 3.8　検索オプションの表示例[*4]

3.4.3　クリエイティブ・コモンズ

　クリエイティブ・コモンズ（CC）とは、クリエイティブ・コモンズ・ライセンス（CCライセンス）を提供している国際的非営利組織とそのプロジェクトの総称です。CCマークをつけることで、Web上に作品を公開する作者が他者に一定の条件下で使用等を許可することができます。

演 習　3-2

（1）クリエイティブ・コモンズのWebサイトを検索し、どのような種類のライセンスがあるか調べてください。

（2）オーストラリアに関する画像で、改変後の非営利目的での再使用が許可された画像を一つ示してください。

4

インターネット資源の活用

┅◆ 学 修 目 標 ◆┅

① インターネット資源の理解と活用

　オンラインストレージや CGM など、クラウドコンピューティングを利用したオンラインサービスを理解し、活用できる。

② 情報の作成・保存・共有

　Google ドライブなどのオンラインサービスを利用し、ビジネス文書の作成・保存・共有ができる。

　前章で述べたインターネット検索に限らず、インターネットを利用したさまざまなサービスが存在します。本章では、インターネット資源の活用事例について紹介します。

◇4.1◇ クラウドコンピューティング

　インターネット環境の普及に伴い、コンピュータの利用方法も大きく変わりつつあります。これまでのコンピュータ利用においては、データやソフトウェア、OS やハードウェアを、個々の利用者が保持・管理していました。一方、**クラウドコンピューティング**とよばれるコンピュータの利用形態においては、これらの資源を、利用者の手元ではなくインターネット上に保持します。

　クラウドコンピューティングは提供するサービスによって以下の 3 種に大別されます。

・SaaS（Software as a Service、サース）：アプリケーション（ソフトウェア）をサービスとして提供します。

・PaaS（Platform as a Service、パース／パーズ）：アプリケーションを稼働させるための基盤（プラットフォーム）をサービスとして提供します。

・IaaS（Infrastructure as a Service、イアース／アイアース）：サーバ、CPU、ストレージなどのインフラをサービスとして提供します。

　このようなクラウドコンピューティングを利用したサービスは、利用者が必要なコンピュータ資源を、必要なときに、必要な量だけサービスとして利用できるもので、情報通信分野におけるパラダイムシフトといえます。次節では、エンドユーザが触れる機会の多

い SaaS に分類される、代表的なオンラインサービスを紹介します。

4.2 　各種オンラインサービス

現在、クラウドコンピューティングを利用したオンラインサービスが数多く存在します。主要なサービスとして、オンラインストレージ、CGM、既存サービスのオンライン展開について紹介します。

4.2.1 　情報の保存

従来のコンピュータ利用では、ハードディスクや USB メモリ、CD-R などのメディアに情報（データ）を記録することが一般的でした。**オンラインストレージサービス**は、情報をオンライン上のサーバ内のディスクスペースに保存するものです。コンピュータがネットワークに繋がってさえいれば、いつでも、どこからでも、どのコンピュータからでも、情報を保存したり引き出したりすることができます。また、記録メディアの紛失や破損といったリスクもありません。多くのサービスが、一定の容量までは無料で利用可能とし、容量の拡張は有料とするモデルを採用しています。さらに、情報の保存だけでなく、情報を他者と共有する機能を有するサービスも多く存在します。代表的なオンラインストレージサービスを表 4.1 に示します。

4.2.2 　情報の作成と共有

従来のインターネット上の情報は、書籍を出版するのと同様に、情報を発信する側と受信する側が明確に分かれていました。しかし現在では、一般の消費者が手軽に情報を作成し、インターネット上に公開することで他者と共有することが容易になっています。このように主にインターネットを活用して消費者がコンテンツを生成していくメディアをCGM（Consumer Generated Media、コンシューマー・ジェネレイテッド・メディア、シージーエム）とよびます。CGM は多岐にわたり、一様に分類することは困難ですが、たとえば次のように区別することができます。

表 4.1　代表的なオンラインストレージサービス

サービス名称・URL	説明
Dropbox（ドロップボックス） https://www.dropbox.com/ja	さまざまなファイルを保存します（図 4.1）。
Evernote（エバーノート） https://evernote.com/intl/jp	主としてメモや文章を保存します。
Google Drive（グーグルドライブ） https://www.google.com/drive/	Gmail のアカウントがあれば利用できます。4.3 節で詳細を述べます。
OneDrive（ワンドライブ） https://onedrive.live.com/about/ja-jp	Microsoft 社のサービスであり、とくに Office 製品（2013 以降）との親和性が高くなっています。

図 4.1　Dropbox（ドロップボックス）

- weblog、blog（ウェブログ、ブログ）：個人やグループなどにより運営され、時系列的に更新されるウェブページです。
- 口コミサイト：家電や飲食店など、特定の商品・サービスに対する消費者の感想を集めたサイトです。
- コンテンツ共有サイト：画像や動画像など、特定のコンテンツを公開することに特化したサイトです。
- 知識コミュニティサイト：利用者の質問に別の利用者が回答するなど、利用者同士が知識を教えあうサイトです。
- Wiki（ウィキ）サイト：ウェブブラウザを利用してインターネット上の情報を書き換えることができるウィキシステムを利用したサイトです。個人および複数人での情報編集に利用されます。
- キュレーションサービス、ソーシャルブックマーク：主に人力でインターネット上の情報をまとめて共有するサービスです。ウェブサイトへのリンクをまとめたものは、ソーシャルブックマークとよばれます。
- SNS（Social Networking Service、ソーシャルネットワーキングサービス、エスエヌエス）：人同士のつながりを重視したインターネットを介したコミュニケーションサービスです。チャットやショートメッセージの交換、ブログベースの交流サイトなど、実現方法は多岐にわたります。主な SNS の利用率を図 4.2 に示します。

代表的な CGM を表 4.2 に示します。多くは無料で利用できるものです。

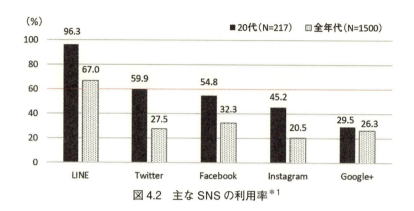

図 4.2 主な SNS の利用率[*1]

表 4.2 代表的な CGM サイト

サービス名称・URL	説明
Ameba ブログ（アメーバブログ） https://ameblo.jp	ブログサービス。一般消費者の利用に加え、とくに芸能人や有名人のブログが多いことが特徴です。
価格.com（カカクドットコム） http://kakaku.com	口コミサイト。電化製品を中心とした商品の情報が共有されています。
食べログ http://tabelog.com	口コミサイト。全国の飲食店に特化した情報が共有されています。
Flickr（フリッカー） https://www.flickr.com	画像に特化したコンテンツ共有サイトです。
YouTube（ユーチューブ） https://www.youtube.com	動画に特化したコンテンツ共有サイトです。
OKWave（オウケイウェイブ） https://okwave.jp	知識コミュニティサイト。「教えて！goo」など複数の Q&A サイトと連携しています。
Yahoo! 知恵袋（ヤフーちえぶくろ） https://chiebukuro.yahoo.co.jp	知識コミュニティサイト。回答者が疑似コインを貰えるなど、ゲーミフィケーションの要素があります。
NAVER まとめ（ネイバーまとめ） http://matome.naver.jp	キュレーションサービス。インターネット上のさまざまな情報を一つのウェブページにまとめて共有できます。
はてなブックマーク http://b.hatena.ne.jp	ソーシャルブックマーク。複数の人が興味を持っているサイトや、特定の人が興味を持っている複数のサイトを共有できます。
LINE（ライン） http://line.me/ja	SNS に分類されるチャットを主としたコミュニケーションツール。無料でビデオ通話、音声通話も可能です。
Twitter（ツイッター） https://twitter.com	SNS に分類される短文交換サービス。140 文字以内のツイート（短文）を投稿して共有できます。
Facebook（フェイスブック） https://ja-jp.facebook.com	世界最大規模の SNS サイト。情報の投稿と共有により、他の利用者との交流ができます。

[*1] 総務省情報通信政策研究所、「平成 28 年情報通信メディアの利用時間と情報行動に関する調査報告書」（2017）、http://www.soumu.go.jp/menu_news/s-news/01iicp01_02000064.html をもとに作成、閲覧 2018.1.26。

4.2.3 既存サービスのオンライン展開

物理的な世界でのみ提供されてきたサービスが、インターネット上のサービスとして提供される例がたくさん存在します。オンラインショッピングサイトはその代表例といえます。これまでは店舗に出向いて商品を探して購入し、家に持って帰るのが一般的でしたが、インターネット環境の普及により家に居ながらにして商品の検索・購入・支払いができ、宅配業者に商品を届けて貰うサービスがすでに広く利用されています。またeラーニングシステムとよばれるインターネット上で利用可能な教育環境・コンテンツも充実しつつあります。LMS（Learning Management System）ともよばれ、教材配信や課題提出、小テストなどをウェブブラウザで実施することができます。さらに、サービスの利便性を追求したものだけでなく、重要文化財の保存（デジタルアーカイブ化）など、物理的な資材の保護および公開を目的としたオンラインサービスも、IT技術発展の恩恵に浴しているといえます。表 4.3 に既存サービスのオンライン展開例を示します。

表 4.3 既存サービスのオンライン展開例

サービス名称・URL	説明
Amazon.co.jp（アマゾン） https://www.amazon.co.jp	アマゾンジャパン株式会社が運営している日本の通販サイト。電子書籍関連のサービスも展開します。
Moodle（ムードル）	オープンソースのeラーニングシステム。講義資料の閲覧、レポート提出、小テストなどに利用できます。
JMOOC（ジェイムーク） https://www.jmooc.jp	オンラインで公開された無料の講座である MOOC（Massive Open Online Course）の日本版サイト。条件を満たせば修了証を取得できます（図 4.3）。
国立公文書館デジタルアーカイブ https://www.digital.archives.go.jp	国立公文書館が所蔵する特定歴史公文書等の目録情報を検索し、一部資料のデジタル画像を閲覧できます。

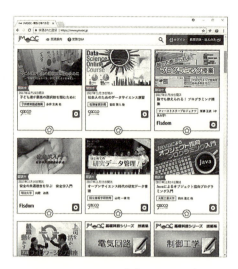

図 4.3　JMOOC（ジェイムーク）

演 習 4-1

（1）本節に記載されていない CGM サイトを探してみましょう。

（2）食べログを利用して、最寄り駅付近のラーメン屋でもっとも評価の高いお店を検索してみましょう。

Google ドライブによる情報の作成・保存・共有

　Google 社のオンラインサービスである Google ドライブを利用すれば、オンラインストレージとして手元のコンピュータのデータを保存するだけでなく、Google ドライブ上で新たなビジネス文書を作成・共有・共同編集することができます。さまざまな種類のビジネス文書を以下のツールで作成します。

- Google ドキュメント：Microsoft 社の Word に似た文章作成ツール。Word 形式のファイル変換に対応します。
- Google スプレッドシート：Microsoft 社の Excel に似た表計算ツール。Excel 形式のファイル変換に対応します。
- Google スライド：Microsoft 社の PowerPoint に似たスライド作成ツール。PowerPoint 形式のファイル変換に対応します。
- Google フォーム：オンラインアンケートによる情報の収集および分析ツールです。
- Google 図形描画：簡単な図形を描画することができます。

　以下、Google ドライブの起動から共有までの基本的な利用方法を紹介します[*2]。

[*2]　より詳しい使い方は、Google ドライブの web サイト（http://www.google.com/drive/）を参考にしてください。

① Gmail（https://www.google.com/gmail/）にログインします。
② 右上の「アプリ」アイコンをクリックした後「ドライブ」アイコンをクリックし、Google ドライブを起動します（図 4.4）。
③「マイドライブ」の中にフォルダやファイルを作成したり、手元のファイルをアップロードしたりすることができます。手元のコンピュータ上のファイルをドラッグアンドドロップでアップロードします（図 4.5）。また、左上の「新規」ボタンからでもアップロード操作を選択できます。
④ 左上の「新規」ボタンから、フォルダやファイルを新規作成します（図 4.6、図 4.7）。
⑤ Google ドキュメントや Google スプレッドシートなどを使って、ビジネス文書を作成します（図 4.8、図 4.9）。各文書の名前がファイル名となります。文章の内容は自

図 4.4　Gmail から Google ドライブを起動する[*3]

図 4.5　ドラッグアンドドロップでファイルをアップロード[*3]

[*3]　Google および Google ロゴは Google Inc. の登録商標であり、同社の許可を得て使用しています。

図 4.6　ファイルやフォルダの
　　　　新規作成メニュー[*3]

図 4.7　フォルダの新規作成[*3]

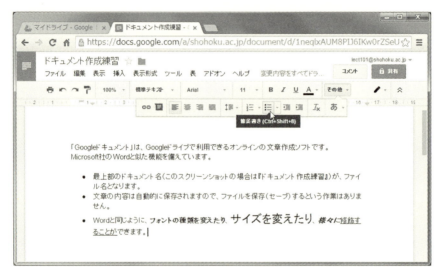
図 4.8　Google ドキュメント作成画面[*3]

　動的に保存されますので、ファイルを保存（セーブ）するという作業はありません。
⑥ 作成したファイルを他のフォルダに移動するなどのファイル操作は、ウェブブラウザ上でのドラッグアンドドロップなどで実現できます（図 4.10）。
⑦ ファイルを右クリックするとコンテキストメニューが現れます（図 4.11）。「共有」を選ぶことで、ファイルを誰とどのように共有するかを設定することができます（図 4.12）。共有の種類には、ドキュメントを編集できる「編集者」、ドキュメントは編集できないがコメントを残せる「コメント可」、閲覧のみが許される「閲覧者」があります。

4 インターネット資源の活用　　57

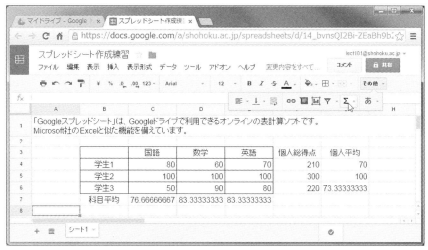

図 4.9　Google スプレッドシート作成画面[*3]

図 4.10　マウス操作によるファイル移動[*3]

図 4.11　ファイルを右クリックして
コンテキストメニューを表示[*3]

⑧　共有設定されたファイルは、インターネットを介して、複数の利用者が同時に編集することができます。同時編集作業中には利用者の数だけカーソルが表示され、他の編集者の作業状況をリアルタイムでみることができます（図 4.13）。

図 4.12　他ユーザとの共有設定[*3]

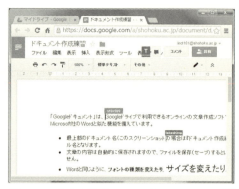

図 4.13　文書を複数のユーザで同時に編集[*3]

演　習　4-2

(1) Google ドキュメント、または Google スプレッドシートを用いて、新たにファイルを作成・編集してください。

(2) 作成したファイルを、他の利用者が編集できるように共有してください。共有できたら同時に編集し、作業を確認してみましょう。

◆ 参考文献

1　総務省スマート・クラウド研究会、「スマート・クラウド研究会報告書 ―スマート・クラウド戦略―」(2010)、http://www.soumu.go.jp/main_content/000066036.pdf、閲覧 2018.1.26.

2　総務省情報通信政策研究所、「ブログの実態に関する調査研究 〜ブログコンテンツ量の推計とブログの開設要因等の分析〜」(2009)、http://www.soumu.go.jp/iicp/chousakenkyu/data/research/survey/telecom/2009/2009-02.pdf、閲覧 2018.1.26.

3　総務省情報通信政策研究所、「平成 28 年情報通信メディアの利用時間と情報行動に関する調査報告書」(2017)、http://www.soumu.go.jp/menu_news/s-news/01iicp01_02000064.html、閲覧 2018.1.26.

5 文書（ビジネス文書とレポート）作成

◆ 学 修 目 標 ◆

① PC とワープロソフト（Word）の活用
1 ページ程度の案内・告知・報告文が書ける。
（Word の機能として書式設定、段落、ページ設定、ヘッダー、インデント、表・図形・SmartArt の挿入、テキストボックス、見出しやアウトライン、校閲機能が活用できる）

② ビジネス文書の作成
ビジネス文書の構成にそって文書を作成できる。

③ レポートの構成
レポートの構成を理解し、2〜3 ページのレポートを作成できる。

本章の目的は、大きく 2 つあります。
・PC を利活用して**ビジネス文書**や**レポート**の基本的な文書の書き方を習得すること
・書くことを通して、自分の頭で考え、自分の言葉で表現する力を身につけること
　この 2 つの目的の達成を目指してトレーニングを積むことで、みなさんが卒業して、社会に出たときに必要不可欠な力を得ることができるはずです。というのも、文書やレポートの作成は、さまざまな仕事の場においても求められますし、社会に出て多くの人々とコミュニケーションをとる場合には、自分の考えを適切な言葉で表現し、相手に伝えることが求められるからです。

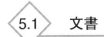

5.1　文書

5.1.1　文書とは何か

　文書とは、文字で書き記したものの総称を指します。たとえば、作文やレポート、案内のチラシ、パンフレット、報告書、書籍、論文などです。これらのものは、いくつかの文章が集まってできています。
　しかし、文書は単に文章を寄せ集めたものではありません。そこには、集積された文章

の意味内容を読み手に正確に伝えるために、段落や章、節、項といった文章構造への配慮や、論理構成の仕方、文字の大きさや種類など、さまざまな工夫がなされているのです。

仮にそうした工夫のまったくなされていない文書を思い浮かべてみてください。段落のない文章は読みにくいですし、文章の構成が論理的ではなかったり、見出しや項目が適切に配置されていなかったりする文章は、その内容を理解するのに苦労するはずです。

要するに、文書とは「読み手のことを十分に意識して、書かれている意味内容を正確に伝えるために、文章表現や内容のみならず、その体裁やレイアウトを整え、書き記したもの」といえるでしょう。

5.1.2　文書の種類

上述したように、文書とは「文字で書き記したものの総称」ですから、文書にはその目的や役割に応じて、さまざまな種類が存在します。その種類は、大きく次の3つに分けることができます。

(a) 実用的な文書
(b) 論理的な文書
(c) 文学的な文書

(a) の**実用的な文書**は、主に情報の伝達や意思の確認などを目的として作成されます。代表的な文書としては、**ビジネス文書**があげられます。ビジネス文書でも、会社の上司や同僚に向けた報告書や企画書などの**社内文書**と、取引先や関係者に向けた契約書や依頼書、案内状などの**社外文書**とでは、その特徴が異なります。

(b) の**論理的な文書**は、問題の所在を明確にして、その原因を究明し、解決策を提案するなど、主に相手を知的に説得することを目的として作成されます。大学の授業で課されるレポートや研究論文などがこれにあたります。

(c) の**文学的な文書**は、主に読み手に感動を与えることや情緒を豊かにすることを期待して作成されます。随筆や詩、小説などがこれにあたります。

このように、文書はその目的や役割に応じて分類することができますが、次の5.2節では(a)の実用的な文書としてビジネス文書の作成方法を学習し、その後の5.3節で(b)の論理的な文書としてレポートの書き方を学んでいくことにします。

ビジネス文書の作成

5.2.1　実用的な文書の作成ポイント

実用的な文書を作成する際のもっとも重要なポイントは「相手の立場に立ってわかりやすい文章を書くこと」です。なぜなら、その文書を作成する目的は情報の伝達や意思の確認であり、いくら重要な情報であっても相手にその意図が正確に伝わらなければ意味をな

さなくなるからです。

たとえば同じ情報を伝達する場合にも、相手がどんな立場の人であるかによって、その言葉使いにも違いが生じてくるはずです。専門知識のない人に対して専門用語を多用した文書を送っても、読み手にその内容を正確に理解してもらうのは難しいでしょう。その場合には専門用語を使うのではなく、簡単な言葉を使ってわかりやすい文書に仕上げる必要があります。

では、相手の立場に立ったわかりやすい文書を作成するには、具体的にどのような点に注意すればよいでしょうか。

単にわかりやすい言葉を使うだけでは、必ずしも良い文書とはいえません。わかりやすい文書には、特徴があります。

それは、5W1H（Why、Who、What、When、Where、How）をうまく活用した文書であることです。つまり、何のために（Why）、誰が、誰に向けて（Who）、何を（What）、いつ、いつまでに（When）、どこで（Where）、どのような方法で（How）、といったことが明確な文書ということになります。

たとえば、あなたが就職活動をしている際に、自身が就職を希望する会社の案内に具体的な選考方法（How）が記載されていなければ、不安になるのではないでしょうか。あるいは、学校から授業料を納めなければ退学になるといった通知が来た場合、その期限（When）が記載されていなければ、必ず問い合わせるのではないでしょうか。

このように、文書を受け取る相手が不安になったり、改めて問い合わせをしなければならなかったりする文書は、良い文書とはいえないことは明らかです。

その他にも、結論を先に述べる、曖昧な表現は用いない、**箇条書き**を利用する、言葉の表記を統一するなど、わかりやすい文書を作成するために注意すべき点はいくつかありますが、この5W1Hを徹底して意識しながら作成すれば、自ずと相手の立場に立ったわかりやすい文書になっていくはずです。

5.2.2　ビジネス文書の基本構成

実用的な文書には、ビジネス文書の他にも、地域のお祭りのお知らせや、大学でのゼミ論発表会の案内状など、目的や用途に応じて多様な種類があります。この項では、日本情報処理検定協会の行う「日本語ワープロ検定試験」の内容に照らして、ビジネス文書の基本的な書き方を学んでいくことにします。というのも、このビジネス文書の基本的な書き方を学べば、その他の実用的な文書の作成にも応用がきくからです。

日本情報処理検定協会の行う「日本語ワープロ検定試験」では、ビジネス文書の中でも、社外文書の作成（主に「案内状」や「招待状」などのお知らせ文書の作成）が課題として設定されています。そこで、検定試験で要求される文書作成の基本的な技術やルールを、実際の過去問題をもとに学んでいきましょう。

ビジネス文書は、基本的に「前付け」と「本文」の2段構成になっています。場合によっては「付記」（本文を補足するために書き加える事項）が加えられた3段構成になる

ともありますが、ここでは2段構成の内容を見ていくことにします。

(1) 前付け

　まず、「**前付け**」とは文字通り本文の前に付けられている部分のことを指します。ビジネス文書では、

　(a) 文書番号

　(b) 発信日付

　(c) 受信者名

　(d) 発信者名

の4つの部分がこれに該当します。

　(a) の**文書番号**は、文書整理や文書確認に必要な番号です。ビジネスでは膨大な文書のやり取りをするので、必要な文書をすぐに確認できるようにするために、番号をふって管理することが基本となります。

　(b) の**発信日付**は、その文書を発信した年月日を記入します。年については、西暦または元号（昭和、平成など）で表す場合があります。発信日付は文書を整理する上でも欠かせないものですが、商取引においては発信日や受信日が債務上大きな意味を有するので、極めて重要な情報となります。

　(c) の**受信者名**は、受信先の住所・組織名・役職名・個人名などから構成されます。その際、名前には必ず**敬称**を付けましょう。受信者名とそれに対応する敬称の種類は下記の表 5.1 の通りです。

　(d) の**発信者名**には、その文書の内容について責任能力を有する者の名前を記入します。その際、組織名だけを記入する場合と、個人名を併記する場合があります。発信者の名前の後ろに責任印を押すこともよくあります。

(2) 本文

　次に、「**本文**」についてです。その文書の主要な部分になります。ビジネス文書は、下記7つの項目で構成されています。

　(a) 件名

　(b) 頭語

　(c) 前文

表 5.1　受信者名と敬称の種類 [4]

受信者名	敬称の種類
個人の場合	様・先生
役職名の場合	様
法人・官庁・組織名の場合	御中
多数の人に同一の文書を出す場合	各位

(d) 主文

(e) 末文

(f) 結語

(g) 別記

　(a) の**件名**は、標題や標記のことを指します。その文書の内容を要約して表現するものですから、いわば、文書の顔ともいえる部分です。ひと目見て、文書の内容全体を想起できるようなものをつけるようにします。

　(b) の**頭語**は、文書の書き出しの語で、(f) の結語と対になっています。「拝啓」「拝復」「急啓」「謹啓」「前略」などがあり、目的に応じて使い分けられます。頭語と結語の関係については、結語のところで示します。

　(c) の**前文**は、文書の目的である用件に入る前のあいさつ文のことを指します。下記の表 5.2、5.3 に示すような、時候のあいさつ、繁栄を祝うあいさつ、陳謝のあいさつ、感謝のあいさつなどがあります。

　(d) の**主文**は、文書の中心であり、具体的な用件を述べる部分です。この部分で大事なことは、正確な内容をできる限り簡潔に書くようにすることです。主文は、行を改め、文頭を一文字あけて、一般的には「さて」や「つきましては」といった言葉で書き出します。

　(e) の**末文**は、締めくくりのあいさつを簡潔にまとめる文で、主文の趣旨をまとめるあいさつ、今後の支援や協力を願うあいさつ、相手の繁栄や健康などを祈るあいさつなどがあります。場合によっては、主文の末尾の言葉に含まれて、省略されることもあります。

　(f) の**結語**は、文書の締めくくりの語になります。「敬具」「敬白」「草々」などがあり、

表 5.2　時候のあいさつに用いる慣用語の例[4]

新年	謹賀新年・迎春の候	7 月	盛夏の候・炎暑の候・仲夏の候
1 月	新春の候・厳冬の候・降雪の候	8 月	晩夏の候 残暑の候（立秋以降）
2 月	向春の候・余寒の候・梅花の候		
3 月	早春の候・浅春の候・春色の候	9 月	初秋の候・新秋の候・新涼の候
4 月	陽春の候・春暖の候・桜花の候	10 月	秋冷の候・紅葉の候・清秋の候
5 月	新緑の候・若葉の候・青葉の候	11 月	晩秋の候・向寒の候・初霜の候
6 月	向暑の候・初夏の候	12 月	初冬の候・師走の候・初氷の候
季節にかかわらず使用できる：時下			

表 5.3　あいさつに用いる慣用句の例[4]

	組織あて	個人あて
喜びのあいさつ	ご繁栄・ご発展・ご盛栄・ご隆盛	ご清栄・ご健勝・ご活躍・ご清祥
感謝のあいさつ	ご愛顧・ご厚情・ご用命・ご支援・ご高配・お引き立て	

表 5.4　頭語と本文と結語の関係 [4]

頭語	使い分け	前文・時候のあいさつ		結語の例
		要・不要	例	
拝啓	通常の場合	必要	拝啓　盛夏の候、ますます〜	敬　具
拝復	返信の場合		拝復　盛夏の候、ますます〜	
急啓	急ぐ場合		急啓　盛夏の候、ますます〜	
謹啓	とくに改まった場合		謹啓　盛夏の候、ますます〜	敬　白
前略	あいさつを省く場合	不要	前略　このたび当社では、〜	草　々

先述したように、(b) の頭語と対で使用します。表 5.4 にその関係を示します。

　(g) の**別記**は、本来は主文に含める内容であるものの、伝える内容を簡潔にわかりやすくするために、要点を簡条書きにしてまとめる場合に利用されます。別記を利用する場合、その末尾は、「以上」をつけて締めくくります。

　以上のような前付けと本文から構成されるビジネス文書の項目の配置と基準を図 5.1 に示します。

5.2.3　目的や用途に応じた文書作成

　本節では、ビジネス文書の中の 1 つである、案内状の作成方法について学んできました。当然、ビジネス文書にはその他にも色々な種類が存在しますし、それ以外にも所属する組織や団体の違いによって多様な実用的な文書の形式があります。ですから、ここで学んだ知識や方法だけでは、決して十分であるとはいえないことも確かです。

　しかし、ここで学んだビジネス文書の作成方法を基礎にすれば、さまざまな目的や用途に応じた文書も作成可能になるはずです。なぜなら、ここで学んだ内容は、いわば一般的な形式であり、それが文書作成の土台となるからです。

　たとえば、みなさんの学生生活の中でも、色々なお知らせや案内状を作成する機会があると思います。地域の人々や保護者に向けた学園祭の案内状の作成、ゼミや委員会でのイベント情報のチラシ・パンフレットの作成などを思い浮かべてみてください。その場合に、その文書を発信する目的（Why）、対象者（Who）、内容（What）、時間（When）、場所（Where）、方法（How）をそれぞれの場面に応じて設定を変えるだけで、容易に形式の整った文書に仕上げることができるはずです。つまり、一般的な形式を基礎にして「自分の頭で考え、自分の言葉で表現する」ことを意識すれば、良い文書を作成できるということです。

　ですから、ここで学んだビジネス文書の基本を押さえた上で 5W1H を意識し、自分の所属する組織の慣例（ずっと使われている文書作成上のルール）を組み合わせた文書作成のトレーニングを積み重ねていけば、目的や用途に応じてさまざまな実用的な文書も作成できるようになるでしょう。

5 文書（ビジネス文書とレポート）作成　　65

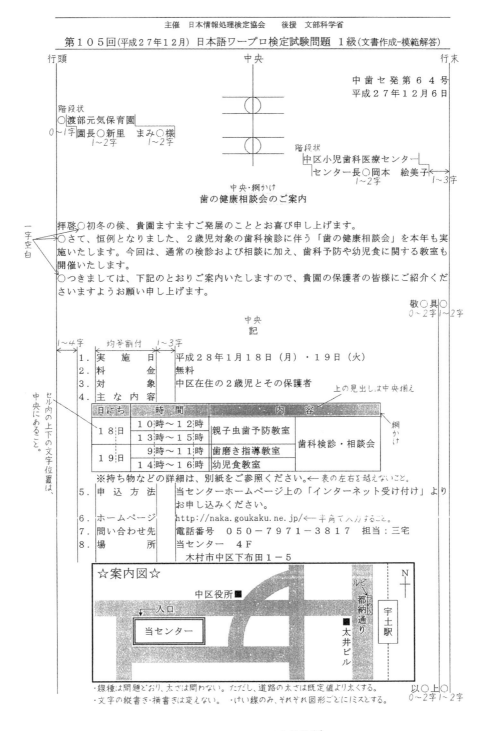

図5.1　項目の配置と基準[1]

---

[1] 出典：日本情報処理検定協会、「第105回（平成27年12月）日本語ワープロ検定試験問題1級（文書作成—模範解答）2015」．

5.2.4 その他の文書作成上の留意点

5.2.1 項で、実用的な文書を作成する際のもっとも重要なポイントとして「相手の立場に立ってわかりやすい文章を書くこと」をあげましたが、その点に関連して留意するべきポイントを 2 つ加えておきます。

第一に、正確な情報を記載することです。とくに、日付や時間、費用に関する数字を伴う情報などの扱いについては細心の注意を払う必要があります。なぜなら、そのミスによって受信者側と発信者側の間で大きなトラブルが生じる場合もあるからです。とくにビジネスの場においては、金額の桁数を誤って記載してしまうことによって大きな損害が出てしまうことが想像できると思います。

したがって、誤字・脱字がないようしっかりチェックする必要があります。そのために、PC 上で作成した文書は、必ずプリントアウトして見直すことにしましょう。そして、できれば複数の人間でその文書をチェックするとよいでしょう。その際、音読して確認し合えば、誤字・脱字が生じる度合いも減ります。

第二に、画像やイラストを使用する場合にも細心の注意が必要だということです。文章表現の引用の仕方についての注意点は、次節の「レポートの作成」部分で説明しますが、画像やイラストを使用する際には、**著作権**や諸個人の**プライバシー**に十分配慮しなければいけません。インターネット上からコピーしてきたキャラクターのイラストや企業のロゴなどを無断で使用することは、著作権の侵害になります。また、友人同士で撮影した画像を当人に無断で文書に添付する場合も、プライバシー権を侵害してしまう場合もあります。

したがって、安易にインターネット上の画像やイラストを使用せず、不特定多数の人々に向けて発信する文書では個人が特定できるような画像の使用を控えましょう。

5.3 レポートの作成

5.3.1 レポートとは何か

レポートとは、ひと言でいうと「自分の主張を他人に知らせるための文書」です。ただし、自分の主張をただやみくもに羅列するだけではレポートとはいえません。自分の主張を他人に知らせるためには、その文書が何を目的に書かれたものなのかを明確にすると同時に、自分の主張に説得性をもたせるための証拠が必要となります。なぜなら、たいていの人は何か目的があって情報を得ようとするわけですから、その目的が不明確であれば、あえて他人の主張を知りたいとは思わないからです。また、根拠のない他人の主張をそのまま鵜呑みにする人もほとんどいないからです。ですから、自分の主張を他人に知らせるためには、何についての主張なのかを明確にして十分な調査を行い、集めた情報をしっかり分析して自分の主張の裏づけを行うことと、それらを説得的に伝えるための工夫が必要になります。

5　文書（ビジネス文書とレポート）作成　　67

したがって、より厳密にいえば、レポートとは「目的を明確にして、それに対する自分の主張を証拠によって裏づけ、説得的にまとめた文書」ということになります。そして、レポートを作成することは「自分の頭で考え、自分の言葉で表現する力」を鍛え上げていくためのトレーニングにもなるのです。

5.3.2　感想文（作文）や小論文との違い

では、レポートは、感想文（作文）や小論文と具体的にどのように違うのでしょうか。ここでは簡単な文例を用いてその違いを説明していきます。次のような課題文に対する3つの回答文を比べてみましょう。

> 課題文　「喫煙はよくない。なぜなら、それが病気を誘発するからだ」というある医者の主張に対して、あなたの考えを述べなさい。

(a)
　私もこの医者の意見に賛成だ。その理由についても納得できる。誰だって病気にはなりたくないだろうから、医者の言うことをきくべきだろう。私たちは健康に気を配って、元気でいることが大切だ。

(b)
　「喫煙はよくない」、という医者の意見に私も同意する。
　その理由は2つある。一つは、喫煙が原因となる事故が多いからだ。たとえば、タバコによる火災がある。また、歩行喫煙によって、火傷を負う事故も多発している。
　もう一つの理由は、受動喫煙という問題だ。非喫煙者が、喫煙者の行為によって健康を害するというのは、人権侵害ともいえるだろう。
　だから、私も喫煙はよくないと考える。

(c)
　「喫煙はよくない」、という医者の意見に私も同意する。本レポートでは、喫煙に反対する2つの一般的な見解の検証を通して、その主張の妥当性を確認する。
　一つ目の理由としてあげられる見解は、喫煙が原因となる事故も多いという点である。たとえば、タバコによる火災がある。総務省消防庁の平成26年度消防白書によると、平成25年度の出火原因の第2位はタバコで、年間4,454件にものぼる。これは、出火総件数の約1割（9.3％）を占めている。また、同白書によると、タバコが原因の火災は、平成20年から25年の6年間でも、上位3位以内に入っており、常に発生する火災の主要因であることがわかる。
　もう一つの反対理由としてあげられる一般的見解は、受動喫煙の問題に関するものである。国立がんセンターの研究では、受動喫煙による肺がんと虚血性心疾患によって年間6,800人が亡くなっているという報告もある。また、厚生労働省の報告書では、受動喫煙による肺がんと虚血性心疾患のリスクは、それぞれ非喫煙者の1.2〜1.3倍、1.25〜1.3倍と指摘されている。その他に、受動喫煙は子どもの呼吸器疾患や中耳炎、乳幼

児突然死症候群を引き起こすことも指摘されている。このように、受動喫煙が深刻な健康被害を引き起こすことは明らかであり、非喫煙者が喫煙者の行為によって健康を害するというのは、人権侵害ともいえるだろう。

　以上のように、喫煙に反対する二つの一般的な見解を検討してみると、そのいずれも説得的であることがわかる。喫煙は、医者が主張するように、喫煙者自身の病気を誘発するだけでなく、喫煙が原因となる事故があること、非喫煙者に及ぼす影響も大きいことから、私自身も「喫煙はよくない」と考える。

　(a) は感想文、(b) は小論文、(c) はレポートというように分類できます。

　まず、(a) と (b) を比べてみましょう。その大きな違いは、自説を論理的に展開しているかどうかにあります。つまり、説得的な文章であるかどうかがポイントになります。(a) は課題文の医者の主張をなぞっただけであるのに対し、B は自説の提示とその根拠を論理的に展開しています。他者に対してどちらが説得的な文章であるかどうかは明らかでしょう。

　では、(b) と (c) の違いはどこにあるでしょうか。5.3.1 項で述べたように、レポートとは、「目的を明確にして、それに対する自分の主張を証拠によって裏づけ、説得的にまとめた文書」ですから、自説の提示とその根拠を述べた (b) は、レポートとの違いがないようにみえます。

　しかし、(b) では、確かに**自説の提示**とその**根拠**を述べていますが、根拠として論じられている部分が主観的なものにとどまっています。つまり、その根拠が正しいものであるかどうか、その文章だけでは判断できないということです。

　それに対し、(c) では自説の根拠となる見解について、改めて検討を加えています。つまり、自分の主張が本当に正しいのかどうかを判断するために、客観的なデータや専門家の見解を材料として提示しています。また、この文書の冒頭で、何を明らかにするかという目的（テーマ）も明確に設定されているという点も、(b) との大きな違いになります。

　このように、小論文とレポートの違いは、文書の目的が明確に設定されているかどうかという点と、自説の根拠を示す材料が十分に提示され、それに**分析・検討**が加えられているかどうかという点にあるといえます。そして、これらの相違点は小論文とレポートの性格の違いに由来しています。たいていの場合、小論文では限られた時間の中で自分の意見を説得的にまとめることが要求されます。つまり、その時点でもっている知識を総動員して、短時間で自説をまとめる力が求められます。

　それに対してレポートでは、テーマを設定して、自説を展開し、それに十分な根拠を与えるための資料を集め、それらに分析・検討を加える時間が与えられている場合がほとんどです。つまり、「調べるための時間」が確保されているということです。

　ですから、レポートの作成では、この「調べる」過程が重要になってくるのであり、その過程が充実しているかどうかがレポート作成のポイントにもなってきます。その点についての詳細は 5.3.4 項で説明します。

5.3.3 レポートの種類

　レポートといっても、さまざまな目的に応じて種類が異なります。会社では、主に経営戦略や販売戦略を練るために「企画提案レポート」や「市場調査レポート」などがよく求められます。大学では、授業内容やテキストの内容を理解しているかどうかを確かめるための「批評レポート」や、特定のテーマについて調査し、それに対する自分の主張を根拠に基づいて論じる「研究レポート」などが課題として出されます。

　ここでは、大学で課題として出されるレポートの種類について、4つのタイプを紹介しておきます[*2]。

　(a) 説明型レポート：授業やテキストの内容を理解したかどうか説明する

　(b) 報告型レポート：実習での成果を報告する

　(c) 実証型レポート：実験や調査の結果に基づき実証する

　(d) 論証型レポート：与えられたテーマについて論証する

　大まかにいうと、(a) の説明型レポートは、「批評レポート」に該当し、(b) 〜 (d) の3つのタイプのレポートは、「研究レポート」に分類されます。

　(a) の説明型レポートは、「授業やテキストの内容を理解したかどうか説明する」ものですが、とくに授業で扱った文献やそれに関連する文献を課題図書として指定し、その批評を求める場合に課されるレポートです。

　(b) の報告型レポートは、保育実習や教育実習後に、そこで何を学んできたか、現場ではどんな問題を抱えているか、今後の課題は何かなどを確認するために課されるレポートになります。

　(c) の実証型レポートは、立てられた仮説に対し実験や調査を行うことによって分析・検討を加え、その仮説の妥当性を確かめるためのレポートです。

　(d) の論証型レポートは、あらかじめ与えられたテーマの中から問題点（論点）を析出し、それに対する自分の主張を根拠に基づいて説得的に論じるためのレポートです。人文・社会系の大学では、このタイプのレポートが課されることが多いので、以下の項では論証型のレポートの作成方法について学んでいくことにします。

5.3.4 論証型レポート作成のポイント

　5.3.2 項では、「レポートでは、テーマを設定して、自説を展開し、それに十分な根拠を与えるための資料を集め、それらに分析・検討を加える時間が与えられている」ので、「「調べる」過程が重要になってくる」と述べました。この文章をもとに、論証型レポート作成のポイントとして、ここでは5つのポイントを提示します。

　一つ目のポイントは、「自分の主張を明確にする」ということです。論証型レポートで

[*2]　出典：井下千以子、思考を鍛えるレポート・論文作成法、p.30、慶應義塾大学出版会 (2013).

は、課題として広いテーマが与えられていますので、そこから自分の主張を展開できそうな問題点や論点を見つけ出すことから始まります。この主張は、レポートの核となる重要なものですが、最初の時点では仮説として立てておきます。

　二つ目のポイントは、「十分な情報検索・収集」です。最初に立てた自分の主張が妥当なものかどうか検証するために、関連する資料を集めていきます。もし、自分の主張が明確でない場合は、この作業から始めてもよいでしょう。情報検索・収集の具体的な方法については、5.3.6 項で説明します。

　三つ目のポイントは「情報の分析・検討」です。この「情報の分析・検討」を通して、自分の主張の妥当性（根拠）を裏付けるためには、どの資料が適切であるかを判断していきます。場合によっては、最初に立てた自分の主張に変更・修正を加えることにもなります。また、適切な資料が不足していると判断した場合や、自分の主張により明確な根拠を与えたいと判断した場合には、新たな情報検索・収集が必要になってくるでしょう。

　この作業がある程度進んでいくと、最初に仮説として立てた自分の主張がより明確になり、それを支える証拠資料も集まってきますので、レポートの全体像がイメージできるようになってくると思います。そこで今度は、そのイメージを具体的な形にしていく作業が必要になります。これが四つ目のポイントである「じっくり構想を練る」ことです。そして、頭の中でじっくり練られた構想を可視化する作業がアウトラインの作成になります（アウトライン作成のポイントは、5.3.7 項を参照）。

　レポートの構想が固まったら、いよいよ執筆に入ります。作成したアウトラインをもとに、書いては直すという作業を繰り返しながらレポートを完成させていきます。実際に書いていく過程で重要なことは、「自分の主張と他者の主張を区別する」ことです。これが五つ目のポイントになります。

5.3.5　論証型レポートの基本構成

　これまで見てきたように、論証型レポートではテーマを設定してそれに対する自分の主張を展開するわけですから、「問い」に対する「答え」という形式を備えていなければなりません。その形式を反映して、論証型レポートは一般的に序論、本論、結論の 3 つの部分で構成されます（図 5.2）。

序論	問題の背景と目的、主張の要点
本論	主張を裏づける信頼ある証拠の提示 異なる立場の主張の批判的検討 自分の主張の限界と、補足や代案
結論	主張の妥当性の確認、今後の課題

図 5.2　論証型レポートの構成要素[3]

---

[3]　出典：井下千以子、思考を鍛えるレポート・論文作成法、p.37、慶應義塾大学出版会（2013）.

序論は、レポートの導入部分です。全体の分量の 10% 程度に収めます。ここでは、主に三つのことを述べます。まず、なぜそのテーマを論じる必要があるのか、その今日的、社会的、学問的な意義を明らかにします。いわば、テーマの重要性を述べるということです。そのためには、論じられるテーマの背景に言及する必要があります。次に、自分がこのレポートで何を明らかにするのか、その目的を述べます。また、どのような方法で明らかにするのかを併せて述べることもあります。これらが自分の主張の要点になります。最後に、本論の予告を述べます。章ごとに、簡潔に内容を紹介するとよいでしょう。場合によっては、そのレポートで最終的に示される結論を簡潔に述べることもあります。

本論は、レポートの中心部分です。全体の分量の 70 ～ 80% を占めます。ここでは、自分の主張を根拠と証拠によって論証します。その際、客観的なデータや資料、広く認められた研究成果などを示します。また、異なる立場の主張や自分自身の主張を批判的に検討し、両者を比較することで、いかに自分の主張が妥当なものであるかを検証していきます。仮に、自分の主張が説得性に欠ける場合は、それを限界として示し、代案を提示して補足するとよいでしょう。

結論は、レポート全体のまとめになります。全体の分量の 10 ～ 20% くらいでまとめるとよいでしょう。ここではレポート全体を通して何を論じてきたか、全体の要約を行い、本論で論じた内容から導かれる最終的な結論を明確に述べます。いわば、自分の主張の妥当性を確認する部分になります。本論で十分に明らかにできなかった点を、今後の課題として提示することもあります。

5.3.6　情報の検索・収集と整理

レポート作成においては、「調べる」過程が重要であることは、これまでに述べてきた通りです。その方法は、論じるテーマによっても違いがあり、いくつかの方法がありますが、共通する重要なポイントは、**情報の信頼性・信憑性**です。これらは、具体的にどのように情報検索・収集を行っていけばよいのでしょうか。

まず、自分が論じるテーマに関して、大まかな内容を把握する必要があります。なぜなら、知識が不足し、曖昧な情報しか持っていない状態では、自分の主張を展開することは難しいからです。そのためには、インターネットの検索エンジンを利用するとよいでしょう。「Google」や「Yahoo!」といった検索エンジンにキーワードを入れて検索します。その際、複数のキーワードを、1 文字分のスペースをあけて入力していくと、テーマに関してある程度まとまった情報を集めることができます。たとえば、5.3.2 項で紹介した喫煙に関するレポートでは、「喫煙　事故　原因」といったキーワードを入力すれば、それに関する情報が出てくるはずです。このようにして得た情報をもとに、自分が論じるテーマの全体像を把握すると同時に、その中から、自分がとくに関心のある情報をいくつか選び出しておきます。大まかな情報を得る最初の段階では、情報の信頼性・信憑性については気にし過ぎる必要はありません。

次に、そこで選び出しておいた情報の中から、キーワードを絞りこみ、さらに深く掘り

下げて調べていきます。この段階では、検索エンジンを使って出てきた情報を、そのまま活用することは避けなければなりません。なぜなら、そこには信頼できない情報も多く含まれているからです。たとえば、皆さんも一度は耳にしたことのある Wikipedia や Yahoo! 知恵袋などは、無料で誰でも簡単にアクセスできます。それらは、知りたい情報の全体像をすぐに把握する場合にはとても便利なツールですが、誰が、いつ、どんな証拠に基づいて書いたのかが不明確であり、したがって情報の信頼性・信憑性は低いと言わざるをえません。

　では、信頼性・信憑性の高い情報を得るためにはどうすればよいでしょうか。大学や政府機関、地方自治体やマスコミなど公共性があり、信頼できる機関によって公表されている情報や資料を使用することです。具体的には、書籍や論文、白書や統計資料、新聞記事などの文献資料です。これらの資料は、図書館に行けば、たいてい手に入れることができます。書籍の検索は、大学内の図書館の蔵書目録（OPAC：Online Public Access Catalog、オパック）を使って調べることができます。また、新聞記事も図書館のデータベース（朝日新聞の聞蔵Ⅱ、読売新聞のヨミダス歴史館、日本経済新聞の日経テレコンなど）を利用すれば調べることができます。

　したがって、信頼性・信憑性の高い情報を集めるためには、インターネット上のあいまいな情報や記事ではなく、文献資料をうまく利用する必要があります。大学によっては上記の新聞等と契約しているため、大学のネットワークを使えばこれらを閲覧できる場合があります。情報を集めるために、積極的に図書館を利用しましょう。

　このように、信頼性・信憑性の高い情報を収集することがレポートを作成する上で極めて重要な作業になってきますが、レポート提出には期限があります。したがって、いくら信頼度の高い資料をたくさん集めても、それを期限内にまとめることができなければ意味がありません。ですから、情報検索・収集においてもう一つ重要なポイントは、論点を絞り込むこと、すなわち情報を取捨選択するということになります。この点は、5.3.4 項で述べた三つ目のポイント「情報の分析・検討」に該当しますので、「情報の検索・収集」との関係は、そちらでもう一度確認してみてください。

5.3.7　アウトラインの作成

　テーマを設定し、自分の主張を確定して、情報をひと通り収集したら、レポートの内容を組み立てていきます。5.3.4 項で紹介した、論証型レポート作成の四つ目のポイントである「じっくり構想を練る」作業です。頭の中で練った構想を可視化していくのがアウトラインの作成です。アウトラインとは、レポートの構成を示した骨組みのことです。いわば、家を建てるときの設計図に該当します。設計図がなければ、しっかりと家を建てることができないように、レポートを作成する際にも、骨組みがなければ論理的に筋の通ったレポートを作成することは難しくなります。

　アウトラインを作成する際のポイントは、見出しを付けて、章立てを行い、レポートの全体像を一覧できるようにすることです。各章で論じる内容も、箇条書きで簡単にまとめ

| レポートの課題：「喫煙はよくない。なぜなら、それが病気を誘発するからだ。」というある
　　　　　　　医者の主張に対して、あなたの考えを述べなさい。 |

| 序論 | はじめに
● 医者の主張に賛成
● 喫煙に反対する理由を2つあげ、その妥当性を検討し、自分の主張の妥当性を論証する |

| 本論 | 1. 喫煙が原因となる事故の多発について（反対理由1）
　● 具体的な事故の例を調べる
　● 火災事故の原因の上位にタバコがあることをデータによって示す
　● その他にも歩行喫煙による火傷の被害など

2. 受動喫煙の問題（反対理由2）
　● 受動喫煙がもたらす健康被害の例
　● 専門家の見解の紹介
　● 人権侵害の可能性 |

| 結論 | おわりに
● 喫煙は喫煙者自身にとって問題があるだけでなく、喫煙が原因となる事故や受動喫煙による健康被害があることも客観的事実として示されている
● したがって、私自身も「喫煙はよくない」と考える |

図 5.3　アウトラインの例

ておくとよいでしょう。そうすることによって、各章のつながりが確認でき、論理的な矛盾がないかどうか、自分の主張を説得的に展開できているかどうかなどを確認することができます。5.3.2 項の回答文（c）をもとに、論証型レポートのアウトラインの例を図 5.3 に示します。

5.3.8　引用の仕方、出典の示し方、注の付け方、文献リストの作成方法

　これまで説明してきたように、レポートは、自分の主張を根拠と証拠をもって説得的に論じるわけですから、他者の主張を検討したり、さまざまなデータや文献を使用したりします。その際、他者の主張や事例などを自分の文章の中に引いて説明に用いることを**引用**といいます。引用には、著者の述べた文章をありのまま「」（かぎ括弧）で括って引用する「**直接引用**」と、「」を使わず著者の主張を要約して引用する「**間接引用**」があります。引用した文章には、その出所である「**出典**」を明記する必要があります。出典の示し方にもいくつかバリエーションがあります。

　そして、本文外で出典情報を示すためにつけられるのが**注**です。また、注は本文中の語

句や事項などを補足したり、説明したりするためにも用いられます。注には、各ページの下に挿入する**脚注**と、本文の最後または各章の最後にまとめて記載する**後注**があります。

また、レポートでは、本文で引用した文献資料や注で示した文献資料とともに、本文中ではとくに言及していないが、参考にした文献資料もまとめてリストとして作成する必要があります。引用文献と参考文献を分けてリストを作成する場合と、両者を一緒にしてリストを作成する場合があります。

このように、レポートの作成において引用した箇所を明示したり、注で説明を加えたり、文献リストを作成するのは、「自分の主張と他者の主張を区別する」ことを徹底するためです。誰が、いつ、どの媒体で主張した内容なのか、出典を示さずに他者の書いたものをコピー&ペーストして、あたかも自分のオリジナルの主張であるかのように使用することは、**剽窃**（盗用）になります。剽窃は、著作権を侵害する不正行為であり、学術論文や研究レポートでは厳格に禁じられています。学生のレポートだからといって、決して許される行為ではないことを肝に銘じておきましょう。

5.3.9 その他の留意点

レポートを提出する前に、最低限、確認すべき点が3つあります。
(a) 何度も推敲する
(b) レポートの形式や書式を確認する
(c) 提出期限を厳守する

(a) はレポートを作成しながらも随時行うものですが、ひとまず書き終えたら、必ずプリントアウトして全体をチェックしましょう。なぜなら、PC画面では気づかなかった細かいミスや、レポートの全体像を把握することができるからです。とくに誤字・脱字、変換ミスがないかを注意深く確認します。

また、文章表現についても細心の注意を払いましょう。主語と述語は対応しているか、一文が長くなって読みにくくないか、「です・ます」調ではなく、「である」調で統一されているか、段落の一文字目は下げて書いているか、といったことを確認します。レポートは人に読んでもらうためのものですから、読む人の立場に立って読みやすい文章に仕上げていくことが大切です。

(b) は、課題を出す先生によって異なります。氏名・学生番号・科目名・表紙の有無など、指定された通りの形式で作成します。書式についても同様に、縦書き・横書き・文字数・行数・余白・ページ番号の有無などが指定された通りになっているか確認しましょう。基本的に、レポートは左端をステープル（ホチキス等）で綴じて提出します（Eメールでの提出の場合もありますが、その際は指定された形式を守って提出します）。

形式や書式が守られていない場合、レポートが受理されない場合もあります。先ほども述べたように、レポートは人に読んでもらうためのものです。大学の講義によっては、数百人単位のレポートを1つずつ読んで評価しなければならない場合もあります。バラバラ

な形式・書式で書かれたレポートを何百枚も読むには、かなりの労力を要します。また、指定された通りのことができなければ、仕事の場においても評価されませんので、注意が必要です。

　(c) は、とくに説明の必要はないと思います。約束事を守るというのは、社会一般の基本的なルールだからです。提出日当日に、「プリンターが壊れたので」、「PC が動かなくなったので」、「USB メモリに保存したままなので」といったことを理由に、提出期限の延長を申し出る学生がたまにいます。いかなる理由であれ、提出期限を過ぎたレポートは受理されないということを肝に銘じておきましょう。そういったトラブルが起こり得ることも想定して余裕をもって準備するということも、レポート作成の課題に含まれています。

5.4　文書作成やレポート作成のための Word の機能

　Word は文書を作成するためのワープロソフトで、表や図を挿入した表現力豊かな文書を効率よく作成できます。ここでは案内文書とレポートの作成という 2 つの例題を通して、よく使う Word の基本操作テクニックを押さえましょう[6]。

表 5.5　文字の入力と編集の基本スキルチェック表

	チェック項目	キーワード	チェック
(a)	キーボードのホームポジションについて理解している	タッチタイピング	
(b)	スタートメニューから、メモ帳を起動できる	スタートメニュー	
(c)	半角／全角の入力モードの切り替えができる	言語バー ［半角／全角］キー	
(d)	メモ帳に、以下の文字を入力できる 　(ア)　あ　ぁ　い　ぃ　う　ぅ 　(イ)　！"＃＄％'（）＋＝＊__？ 　(ウ)　きゅうり　にんじん　かんぴょう 　(エ)　〒　→　◎	(ア) 促音（l (x)） (イ) 記号（Shift） (ウ) 濁音、拗音 (エ) 記号	
(e)	「きょうはいしゃにいった」を入力し、 　→　今日は医者に行った 　→　今日歯医者に行った の 2 通りに、文節区切りを変更して変換できる	変換対象となる文節の移動 (→キー) 文節区切りの変更 (Shift +→キー)	
(f)	(e) で入力した文字列を選択して、コピー&ペースト操作により、別の場所に貼り付けできる	コピー&ペースト 編集メニュー 右クリックメニュー	
(g)	(f) と同じコピー&ペーストをキーボードで操作できる。同様に、カット&ペーストもキーボードで操作できる	Ctrl + c → Ctrl + v Ctrl + x → Ctrl + v ショートカット・キー	
(h)	入力した文字列を削除するときに、Delete キーと Backspace キーの使い分けができる	Delete キー Backspace キー	
(i)	入力した操作を「元に戻す」ことができる	Ctrl + z 編集メニュー	

5.4.1 文字の入力と編集の基本スキルチェック

効率よく文書を作成するためには、基本的な操作を身につけておく必要があります。表 5.5 でそれらをチェックしましょう。

5.4.2 案内文などを作成するための基本スキルチェック

案内文は、書式にのっとった書き方が多いため、いくつかの基本スキルを身につけておく必要があります。図 5.4 をみて、表 5.6 をチェックしましょう。

表 5.6 案内文書を作成するためのスキルチェック

	チェック項目	キーワード	チェック
(a)	Word を起動し、文書を新規作成する。図 5.4 の内容をテキスト（左揃えのまま）で入力する	新規作成	
(b)	ファイルを上書き保存する。「上書き保存」と「名前を付けて保存」の使い分けができる	上書き保存 名前を付けて保存	
(c)	日付と会社名を「右揃え」（右端に配置）にする	右揃え	
(d)	タイトルを「中央揃え」にする。またフォントを「MSゴシック、14pt」にし、「下線」を付ける	中央揃え フォント	
(e)	「記」を中央揃えにした後、日時や会場などに段落番号を付ける	段落番号	
(f)	段落番号の付いた 1～4 の項目を、左インデントの機能を使って、2～3 文字程度、右に字下げできる	左インデント	
(g)	「開催日、会場、交通、主な特徴」の長さを揃えるため、「均等割り付け」により文字列の幅を 4 字に設定できる	均等割り付け	
(h)	図の「4. 主な特徴」の内容について、4 行×2 列の表を挿入して、テキストを入力できる	表の挿入	
(i)	表に、行（列）の挿入や削除ができる	行（列）の挿入・削除	
(j)	クリップアートの挿入（キーワード：ノートパソコンで検索）ができる	クリップアートの挿入	
(k)	図形の挿入（角丸四角形の吹き出し）ができ、その図形内にテキストを入力できる	図形の挿入 テキスト編集	

5 文書（ビジネス文書とレポート）作成　　77

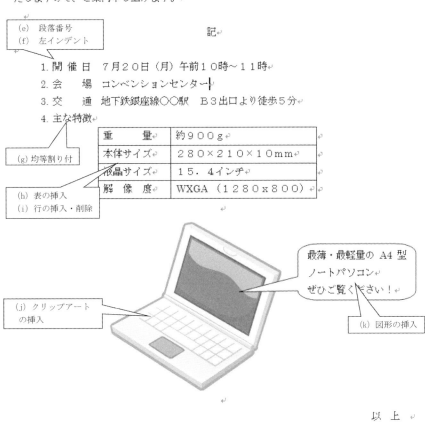

図 5.4　案内文書の例

―――― 演　習　5-1 ――――
案内文書の作成
図 5.4 と同じ文書を作成してください。

5.4.3 レポートを作成するためのスキルチェック

レポートは、複数ページにわたる長文の文書を扱います。また、順序だてて書き手の主張を伝えるため、案内文とは異なるスキルが求められます。図 5.5 をみて、表 5.7 をチェックしましょう。

表 5.7　レポートを書くためのチェック項目

	チェック項目	キーワード	チェック
(a)	「ページ設定」を使って、ページのレイアウトを整える（レポートの書式としては、以下が一般的である） ・用紙：A4 ・印刷の向き：縦、文字方向：横書き ・余白：上下・左右 30 mm（25 〜 30 mm） ・1 行の文字数：40 字、行数：36 行（30 〜 40 行）	ページ設定 ページレイアウト	
(b)	タイトルを「中央揃え」にする。またフォントを「MS ゴシック、12pt」に変更する	中央揃え フォント	
(c)	所属と氏名を「右揃え」にする	右揃え	
(d)	「はじめに」の段落番号を設定し、フォントを MS ゴシックに変更する。「企業のマーケティング戦略の変化」と「まとめ」の章も同じように段落番号を設定する	段落番号	
(e)	「はじめに」の本文を入力する。フォントは MS 明朝に変更する。本文のフォントは明朝体が一般的	明朝体とゴシック体	
(f)	各段落の一行目は、1 文字分、右に字下げする	1 行目の インデント	
(g)	レポート全体の文字数を確認できる	ステータスバー 文字カウント	
(h)	Excel で書いたグラフ（後述のため、クリップアートで代用）の挿入ができる。図のサイズや位置を変更できる	図の挿入 図のサイズ変更、移動	
(i)	文字列の折り返し（図と周りの文字の配置関係）を「上下」に設定できる。「行内」と「四角」「上下」の違いを理解できている	文字列の折り返し 文字列の折り返し	
(j)	図の下に、図表番号（図 1.　ウェブサイト…）を挿入できる。挿入した図表番号の文字列は「中央揃え、MS 明朝」に変更し、太字は解除する	図表番号の挿入 図表番号の挿入(N)	
(k)	参考文献の記述ができる。本文中の参考にした箇所に、通し番号の小さな肩数字をつけて表記できる	上付きフォント x^2	
(l)	各ページの中央下部（フッター）に、ページ番号を挿入できる	フッターの挿入 ページ番号	
(m)	ヘッダーとして、提出レポートの講義情報（講義名、教員名、曜日、時限）を挿入できる	ヘッダーの挿入	

5 文書（ビジネス文書とレポート）作成

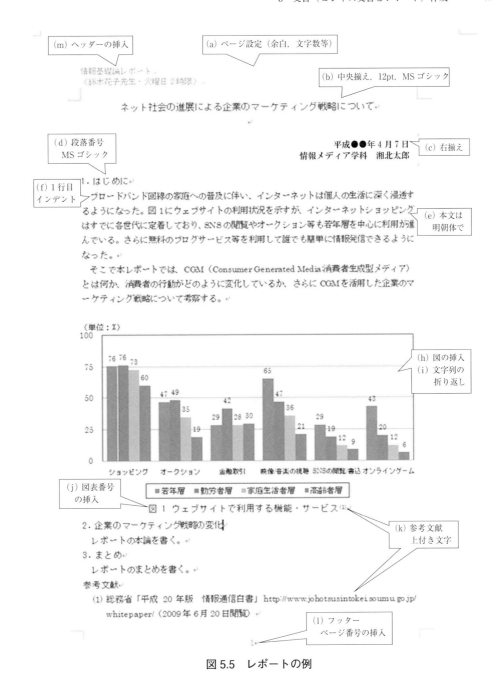

図 5.5　レポートの例

――― 演　習　5-2 ―――

レポートの作成

図 5.5 と同じ文書を作成してください。

◆ **参 考 文 献**

1　安藤喜久雄編、わかりやすい論文・レポートの書き方―テーマ設定から情報収集・構成・執筆まで、実業之日本社（1999）.

2　井下千以子、思考を鍛えるレポート・論文作成法、慶應義塾大学出版会（2013）.

3　櫻井雅夫、レポート・論文の書き方 上級 改訂版、慶應義塾大学出版会（2003）.

4　日本情報処理検定協会、日本語ワープロ検定試験模擬問題集1・準1級編（2014）.

5　日本情報処理検定協会、「第105回（平成27年12月）日本語ワープロ検定試験問題1級（文書作成―模範解答）」(2015)、https：//www.goukaku.ne.jp/image/sample/27/105-JP-A.pdf、閲覧2018年1月26日.

6　井田正道・和田格共編、情報リテラシーテキスト、培風館（2009）.

6
問題発見のための分析と統計

・・→ 学 修 目 標 ←・・

① 表計算ソフトの表計算・グラフ作成機能の活用
   表やグラフを作成し、問題を発見することができる。
② 表計算ソフトの応用
   関数等を使いこなして、仕事を効率よくこなすことができる。
   （Excel の機能として表計算、基本関数、罫線、オートフィル、絶対参照、グラフ作成、並べ替え、フィルタなどを活用できる）

　知識を問う試験問題には正答がありますが、仕事や社会で直面する「問題」に対しては、答えが一つであるとは限りません。それどころか、「問題」そのものがよくわからないことも多く、課題を発見する力が求められます。ここで「問題」とは、「現在の状況とは異なるより望ましい状況」[1] で、「課題」とは、その「望ましい状況」を実現するための具体的な達成目標です。つまり、問題発見・解決のための第一歩は、現状分析を行うことであるといえます。

　現状分析には、問題解決の発散技法を利用することができます[1]。具体的には、ブレインライティングやブレインストーミング、KJ 法などを用います。その際に、より定量的な分析を行うために、Microsoft 社の Excel（エクセル）とよばれるソフトを用いて表を作成したり、計算したり、グラフ化したりします。ここでは、Excel を利活用するための基本的な考え方や用語を確認したのち、具体的な問題に適用します。細かな操作方法は、ヘルプの使い方やネット検索スキルを駆使して、自分で探してみてください。

6.1　Excel の基本

6.1.1　Excel の概要

　ここで使用する Excel は、正式名称を「Microsoft Office Excel 2013」といい、優れた操

---

[1]　小棹理子・伊藤善隆・高橋可奈子・野村亞住、大学生のための基礎力養成ブック、pp.52-60、丸善出版（2012）.

作性と機能を兼ね備えた統合型表計算ソフトです。Excel では、複数のデータを処理するために、「セル」とよばれるマスが用意されています。これらセルの集まりを「ワークシート」とよびます。基本的に Excel では、このワークシートを用いてデータを整理、計算しますが、他にグラフ作成やデータベースの機能も兼ね備えています。Excel の代表的な 4 つの機能を次に示します。

（1）表計算機能

ワークシートに表を作成し、自動計算ができます。各セルには最大 32,000 文字入力でき、各シートの大きさは 1,048,576 行 × 16,384 列です。また、「関数」というあらかじめ定義された数式も 300 種類以上用意されており、計算が簡単に行えるようになっています。また、複数のシートの集計（3-D 集計）も可能です。

（2）グラフ機能

ワークシートで作成した表のデータに基づいて、グラフを作成できます。用意されている基本グラフは、面、横棒、縦棒、折れ線、円、ドーナツ、レーダー、散布図、複合、3-D（面、横棒、縦棒、折れ線、円、等高線）、バブルチャート、株価などです。

最大の特徴は、表のデータとグラフが連動している点です。ワークシート内のデータを変更するとグラフも自動的に更新されます。グラフ上で変更すると、シート内のデータも変化します。グラフのサイズ変更、種類変更、移動等も簡単で、作図ツールを使って書きこむこともできます。

（3）データベース機能

データベースとは、社員情報と顧客情報など、関連するデータを集めたものです。データベースは、そこから必要な情報を、必要とする形式で得られてこそ意味があります。

Excel では表のデータをデータベースとして用い、目的に応じて並べ替え（ソート）、検索（サーチ）、抽出（フィルタ）することが可能です。

（4）マクロ機能

日常業務では、一連の決まった処理を行うことが多くなります。あるいは、複雑な処理を簡単な命令の組み合わせで実現させたりすることもあります。この一連の手順をプログラムとして登録したものがマクロです。いったんボタン等に登録した一連の作業はボタンを押すことによって自動的に実行され、何回でも繰り返すことができます。

6.1.2　Excel の画面構成

以下で重要な用語を確認します。Word など、他の Office ソフトでおなじみのものは、省略します。

（1）ウィンドウ

　Excel を起動して、画面に表示されたウィンドウの全体を「アプリケーションウィンドウ」といいます。アプリケーションウィンドウの中に「ブックウィンドウ」が表示され、ブックウィンドウには、1,048,576 行× 16,384 列で構成される大きなワークシートが表示されます。画面で次の場所や用語を確認してください。

　・数式バー：切り替え、表示内容の変更、新規作成などができます。
　・列番号：ワークシートの列の名前を表示します。A 列～ XFD 列まで、アルファベット順で 16,384 列を表示します。Z 列の次は AA、AB、…、XFC、XFD のようにアルファベットの組み合わせで構成されています。
　・行番号：ワークシートの行番号を示します。1 ～ 1,048,576 と、数字で表示されます。
　・アクティブセル：クリックなどにより、現在選択している、もしくは選択されているセルを「アクティブセル」といいます。このセルは、[B2] のように、[列番号　行番号] で表します。このように、セルで入力されているデータを表すことを、セル参照といいます。

6.1.3　データの入力

（1）データの種類

　Excel で扱うデータには「数値」と「文字列」があります。数値と文字列の大きな違いは、計算対象になるかどうかです。数値は計算対象となる（計算できる）データで計算式も含まれます。文字列は計算対象とならない（計算できない）データです。

　データに数値以外の文字が含まれている場合は、文字列と認識されます。数値には、数字と「+」「−」「（　）」「,」「／」「$」「%」「.」「E」「e」「¥」などの特殊記号が含まれます。

　Excel では、数値や特殊記号などは半角で入力します。

（2）データの入力

　データを入力する場合は、入力するセルをクリックしてアクティブにします。アクティブセルの位置や入力した内容などは「名前ボックス」と「数式バー」で確認できます。名前ボックスと数式バーの各名称と役割を確認しましょう。作業内容に応じて次のような要素が表示されます（図 6.1）。

　① 名前ボックス：処理対象を表示させます。ワークシートの場合は、アクティブセルが表示されます。
　② 取り消しボックス：入力中のデータを取り消します。「Esc」キーと同じ働きです。
　③ 入力ボックス：入力中のデータを確定します。「Enter」キーと同じ働きです。
　④ 関数ウィザードボックス：関数一覧を表示する関数ウィザードを起動し、関数の入力や編集ができます。
　⑤ 数式バー：アクティブセルのデータ内容が表示されます。データの編集もできます。

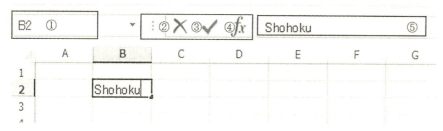

図 6.1 データ入力の際に使用する機能

(3) データの入力の実践例

① データと日付の入力

図 6.2 のように、A1、A2 に文字列データ、C2 〜 E3 に数値データを入力します。

C1 には、[4/1] と入力します。Enter キーで確定させると、[4 月 1 日] と表示されます。

数式バーで、[2015/4/1] と西暦年も含めた日付になっていることを確認します。

② オートフィル

練習 6-1 に続き、C1 セルをアクティブにすると、4月1日 のように、右下にフィルハンドル■が表示されます。フィルハンドルを右方向にドラッグすると、連続データが生成されます。また、オートフィルオプションをクリックすると、セルのコピーなど、他のデータを生成できます（図 6.3）。ファイルを保存します（ファイル名：練習 1.xlsx）。

6.1.4 計算式の入力

計算式の入力方法は次の 3 通りがあります。計算式の先頭には必ず「=」を入力します。

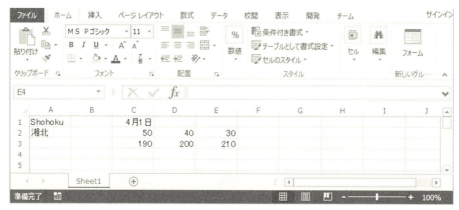

図 6.2 文字列データ、数値データ、日付の入力

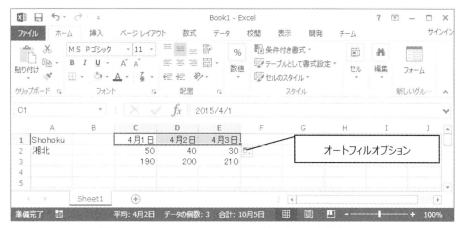

図 6.3　C1 からオートフィルで連続データを生成する

(a) 数値と演算記号を使って式を入力する。
　　例：=50 + 190
(b) 演算記号と数値を入力したセル参照を用いて式を入力する。
　　例：=A1 + A2
(c) 関数を使って入力する。
　　例：=SUM（A1:A5）

計算式は、通常セル参照を使って入力します（上記 (b)(c)）。式に利用しているセルの数値を変更すると、計算結果も自動時に再計算されます。計算式に直接数値を代入した場合は、計算式も訂正する必要があります（上記 (a)）。

計算式に使う主な演算記号を表 6.1 に示します。

(1) 計算式の入力の実践
① 計算の実施（図 6.4）
　1. セル［C4］に「=50+190」と入力します（直接計算）。
　2. セル［D4］に「=D2+D3」と入力します（セル参照）。
　3. セル［D4］のハンドルを［E4］までドラッグします。［E4］の数式が「=E2+E3」

表 6.1　Excel で計算式に用いる主な記号

加（＋）	＋
減（－）	－
乗（×）	＊
除（÷）	／
べき（a^x）	a^x

になったことを確認します。相対的に数式が変わることがわかります（相対参照といいます）。

4. セル［E4］をアクティブにし、［ホームタブ］→［編集］タブ→［Σ］をクリックし、「＝ SUM（E2:E3）」を入力します（関数利用）。
5. 計算結果が同じになることを確認します。

② シートの追加と絶対参照（図 6.5）

1. 「練習 1.xlsx」の Sheet1 タブの横の＋マークをクリックして Sheet2 を追加します。
2. Sheet2 のタブを右クリックし、［名前を変更］を選んで、［絶対参照］にシート名を変更します。
3. ［A1］に「ドル」、［B1］に「円」、［A2］〜［A4］にそれぞれ「1」、「10」、「50」と入力します。1 ドルが 130 円のとき、10 ドル、50 ドルが日本円でいくらか計算するためには、［B3］には「=A3*B2」、［B4］には「=A4*B2」と入力することになり、［B2］は相対参照でなく、セルを固定した方が良いことになります。そのためには、セルを「絶対参照」します。列を B に固定するためには、B の前に＄マークをつけます。2 行から移動させないように絶対参照する（固定する）ためには、2 の前に＄をつけます。［B3］の内容を、［B4］にコピー（オートフィル）しても、［B2］は絶対参照なので、［B4］には「＝ A4*$B$2」が入力されることになります。
4. D 列と E 列に図 6.6 のようにデータを入力し、政党の支持率を計算します。［ホーム］→［数値］→［％］を選んで、F 列の書式を％表示にします。さらに、［小数点以下の桁数を増やす］をクリックして小数点以下一桁まで表示させるようにします（［F2］は「25.4％」になります）。

図 6.4　計算の実行

6　問題発見のための分析と統計　　87

図 6.5　絶対参照練習

図 6.6　絶対参照を用いたパーセント計算

――― 演　習　6-1 ―――

計算の実行と結果の考察

（1）以下の図のデータを Excel に入力し、指示に従ってそれぞれの欄を計算してください。

（2）計算が終了したら、［ホーム］→［スタイル］→［テーブルとして書式設定］→［テーブルスタイル（中間）15］でテーブルとして整えてください。

（3）あなたが、おにぎり店の店長だったとします。計算結果から、次の日の仕入れ量をどのようにしようと思いますか？

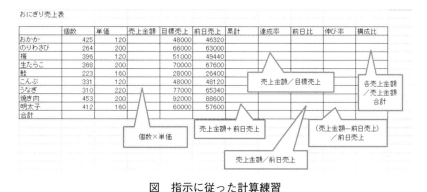

図　指示に従った計算練習

6.2 表とグラフの作成と問題発見

グラフは数値の大小や推移などをグラフィカルに示すことで効果的な表現を可能にします。ワークシートに作成したデータをもとにさまざまなグラフを作成します。基本となるグラフは縦棒、横棒、折れ線、円など11種類ですが、それぞれの発展形も含めると73種類あります。

表現の目的に合わせたグラフを使用することが重要です。
- 棒グラフ：項目間の値を比較するのに用います
- 円グラフ：円全体を100％とし、内訳の比率を表します
- 横棒（帯）グラフ：各項目の値と全体を比較することができます
- 折れ線グラフ：推移を表すのに用います
- 散布図：分布や傾向を把握するのに用います

表とグラフから、問題の発見や予測をしてみましょう。

6.2.1 傾向の発見と予測

図6.7は、1985年から2004年までの二酸化炭素濃度の変化を表にしたものです。また、経過年をxで表し、1985年を開始年（0年）、とします。二酸化炭素濃度をyとし、散布図を作成しました。さて、この表と図から、何がいえるでしょうか。さらに、この傾向から、2005～2009年の二酸化炭素濃度を予測することができるでしょうか。

① ［X3］～［Z28］のデータと枠を入力します。

② ［Y3］：［Z23］の範囲を指定し、［挿入］→［グラフ］→［散布図］を選択します。グラフが作成されたら、［レイアウト］、［ラベル］からグラフタイトル、横軸ラベル、縦軸ラベルを追加します。

③ この結果から、年が増加するにしたがって二酸化濃度が増えていることがわかります。このように、xが増えるにしたがってyが増える場合、「xとyには正の相関関係」があるといいます。

④ 次に、散布図のデータ点を右クリックします。メニューが表示されるので、［近似曲線の追加］を選択します。新たな作業ウィンドウが開くので、その中から［線形近似］を選択します。ウィンドウの下部、［グラフに数式を表示する］と［グラフにR-2乗値を表示する］にチェックマークを入れます（図6.8）。

⑤ グラフに、「y=1.615x + 345.46」と「$R^2 = 0.9939$」が表示されます。つまり、年xが与えられると、二酸化炭素濃度yが求められる、ということです。このような直線のことを、「回帰直線」といいます。また、R^2の値は1に近ければ近いほど、データは直線に近づくことを意味しています。

6　問題発見のための分析と統計　　89

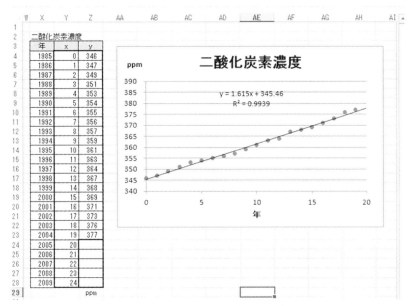

図6.7　年別の二酸化炭素濃度の変化

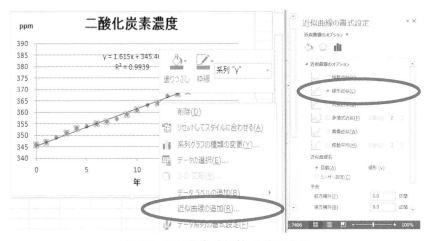

図6.8　近似曲線（直線）を表示する

(1) 散布図応用の実践
① 予測とオートフィルの応用

　1. 2005年以降の予測をしてください。

　2. [Z22] と [Z23] を範囲指定し、オートフィルで [Z28] までドラッグします。

　3. 上の1と2で得られた結果を比較してください。

90   6.2 表とグラフの作成と問題発見

演 習 6-2

回帰直線と将来予測

以下の図は、商品 A と商品 B の売上実績です。

（1）データからグラフを作成し、それぞれの回帰直線を求めてください。

（2）26～29 期の売上予測をしてください。

売上実績		
期	商品A売上実績	商品B売上実績
1	1360	1651
2	1460	1460
3	1255	1523
4	1468	1468
5	1720	1250
6	1480	1480
7	1369	1369
8	1690	1690
9	1268	1268
10	1369	1369
11	1670	1670
12	1769	1769
13	1689	1230
14	1460	1460
15	1330	1330
16	1360	1360
17	1790	1790
18	1367	1450
19	1580	1245
20	1790	1790
21	1366	1366
22	1423	1423
23	1563	1563
24	1750	1320
25	1712	1351
26		
27		
28		
29		

図　回帰直線の作成と将来予測

6.2.2 複合グラフの応用

在庫管理を行う際には、次の手順で ABC 分析を行います。

① 在庫品目ごとに使用金額を集計し、金額の大きい順に並べ替える
② その順に使用金額を累計し、総使用金額に対する累積構成比（％）を算出する
③ 使用金額累積構成比をもとに品目を A・B・C の 3 つのクラスに区分する

区分は使用金額累計構成比の上位から、70 ～ 80％を A クラス、80 ～ 90％を B クラス、90 ～ 100％を C クラス、とすることが一般的です。この際に、棒グラフと折れ線グラフの複合グラフを作成します。これを、**パレート図**といいます。

（1）複合グラフの応用の実践

ここで、パレート図を見れば、金額の 70 ～ 80％を占める A クラスが品目で全体の何％を占めるかがわかります。重要な品目は少数でそれを重点的にケアすると効率的だという一般法則（パレートの法則）の考え方に基づいています。

① パレート図の作成と ABC 分析の実施

図 6.9 の売上表から複合グラフを作成して、ABC 分析を行ってください。

商品名	売り上げ（千円）	累計	累計%
a	182	182	21%
b	136	318	36%
c	120	438	49%
d	98	536	60%
e	91	627	71%
f	83	710	80%
g	77	787	89%
h	65	852	96%
i	35	887	100%

A ランク：a ～ e
B ランク：f と g
C ランク：h と i

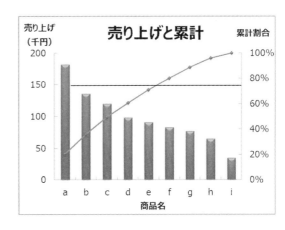

図 6.9　売上表と複合グラフ

―――――― 演 習　6-3 ――――――
複合グラフの作成と ABC 分析
（1）以下の表を作成し、空欄の計算を行ってください。

（2）パレート図を作成し、ABC 分析を行ってください。

（3）重点的に管理する品目をあげてください。

順位	品目	使用金額 （円）	構成比 ％	累積使用 金額	累積構成 比	区分
1	コート	3500				
2	ジャケット	3210				
3	ワンピース	1520				
4	セーター	720				
5	スカート	320				
6	パンツ	260				
7	ブラウス	210				
8	シャツ	180				
9	ベスト	120				
10	アクセサリ	50				
	合計					

図　ABC 分析表（パレート図の作成と区分の決定）

6.3　関数の応用

　Excel には、関数が 330 種類ほどあり、これらを利用することで複雑な数式を用いずに効率良く計算することができます。

　関数一覧と説明は、Excel 画面右上のヘルプからも調べることができます。

　ここでは、請求書を作成することで、データベースの機能や場合分けをして処理をする方法を学びます。これらは応用範囲が広いので、関数入門として最適です。実用面からも請求額などの計算が簡単にできるため有用です。

　ここでは、利用頻度の高い関数である IF（条件によって処理を変える）、VLOOKUP（検索）、ROUND（四捨五入）の応用として、実践的な例として請求書を作成します。また、「商品コード」、「商品名」、「単価」からなる商品リストを作成しておくことによって、商品コードの入力により商品名と単価までが自動的に表示されるよう設定しています。さらに、数量を入力することによって、単価をかけた金額まで自動計算されるようになっています。最終的に、「合計額」、「消費税額」、「請求額」が自動表示されます。

6.3.1　リストの設定

　請求書の基本型が決まったら、「商品コード」のセルにリストを設定し、コード番号を一覧から選択入力できるようにします。

　図 6.10 の請求書の右側に「商品コード」「商品名」「単価」を一覧にした「商品リスト」を作成してあるのは、リストを設定するときにコード番号の一覧が入力されたセルが必要になるからです。「商品コード」のような意味を持たない数字の羅列は覚えにくいもので

6　問題発見のための分析と統計　　　93

図 6.10　請求書シートの作成

図 6.11　ドロップダウンリストの設定

すが、コード番号を一覧から選択して入力できるようにすれば、入力の手間を省けるだけでなく、入力ミスを防ぐのにも役立ちます。なお、「商品リスト」は請求書と同じワークシート上にないとリストを設定できないので、必ず同じワークシート上に作成します。

① 図 6.11 のように、ドロップダウンリストを設定します。リストを設定したいセル [D19:D28] を範囲選択して、[データ] タブ→ [データの入力規則] を選択します。
② [データの入力規則] 画面が開いたら「設定」タブの「入力値の種類」欄で「リスト」を指定して「OK」を選びます。
③ 画面が切り替わったら「元の値」欄の横の「ダイアログ縮小」ボタンをクリックします。
④ 「データの入力規則」画面が縮小されたら「商品リスト」の商品コードを [$L$7:$L$16] 範囲選択して、再度、「ダイアログ縮小」ボタンをクリックします。
　　なお、範囲 L7:L16 が $L$7:$L$16 となっているのは絶対参照（行と列を固定）のためです。

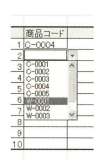

図 6.12　ドロップダウンメニューが表示される

⑤　「データの入力規則」画面に戻ったら、「OK」ボタンをクリックします。
⑥　リストを設定したセルを選択すると横に▼が表示され、これをクリックすると商品コードの一覧が表示されます（図 6.12）。

6.3.2　VLOOKUP 関数の入力

「商品コード」を一覧から選択して入力したとき、同時に「商品名」や「単価」を入力させるには、VLOOKUP 関数を使います。VLOOKUP 関数とは、指定したセル範囲の左端の列で特定の値を検索し、該当する値があったときに、その位置から指定した列数分だけ右にある値を表示する関数です。

なお、ここでは請求書と同じワークシート上に「商品リスト」を作成して利用していますが、VLOOKUP 関数で検索するセルの範囲は別のワークシートや、別のファイルに作成したリストでも指定できます。

①　関数を入力するセル［E19］をクリックして、ツールバー「数式」の「関数の挿入」ボタンをクリックし、ダイアログボックス「関数の分類」から［検索／行列］関数の中の VLOOKUP を選択します（図 6.13）。
②　数式パレットが開いたら、「検索値」の横の「ダイアログ縮小」ボタンをクリック

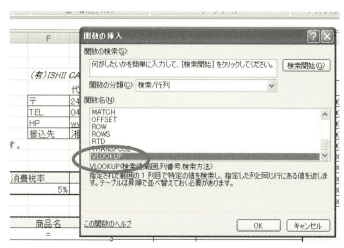

図 6.13　VLOOKUP 関数の挿入

6　問題発見のための分析と統計　　95

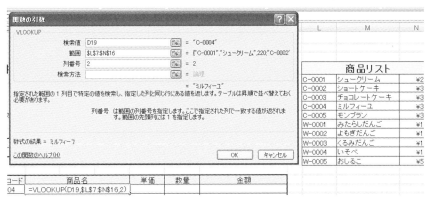

図 6.14　VLOOKUP 関数の引数の設定

し、[商品コード]である D19 を選択します（図 6.14）。
③　「範囲」は、「商品リスト」のデータ部分全体とします。後ほどコピーすることを考慮して、範囲［$L$7:$N$16］と絶対参照で指定します。「検索値」と同じ要領で「範囲」に「商品リスト」全体を指定します。ここで、セルアドレスの表示が反転した状態で F4 キーを押すと「$」がつき、絶対参照にできます。
④　「列番号」は、返す値が「商品リスト」の左から第何列かを示します。「2」は、商品リストの左から第 2 列にあることを示します。
⑤　「列番号」に「2」と入力して「OK」ボタンをクリックすると関数が入力されます。「検索の型」は省略してかまいません。

6.3.3　セルの書式設定の変更

作成した請求書をテンプレート（定型文書）として保存し、何度も使うことを考えると、ファイルを開いたときの日付が自動表示されたほうが便利です。これには日付欄（作成例では［J3］）に図 6.15 のように、TODAY 関数を入力しておきましょう。TODAY 関数は数式パレットを使って入力しても良いのですが、この関数には引数がなく「= TODAY()」と入力するだけなので、直接入力したほうが簡単です。

6.3.4　SUM 関数の入力

この請求書の「合計金額」は商品ごとの「金額」を合計したものなので、SUM 関数を使って簡単に求められます。SUM 関数も数式パレットを開いて入力できますが、「オート

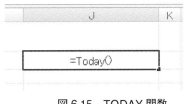

図 6.15　TODAY 関数

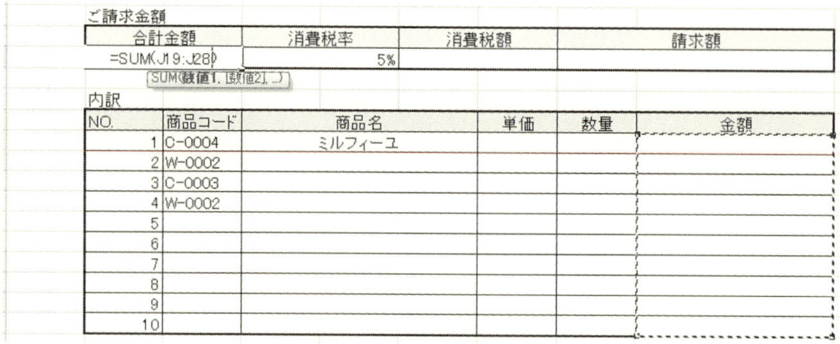

図6.16 合計金額の計算

SUM」ボタンがツールバーに登録されているので、こちらを使うほうが簡単です（図6.16）。

① 合計額を入力するセルをクリックしてツールバーの［Σ］ボタンをクリックします。
② 「金額」が表示させるセルをすべて範囲選択し、「Enter（エンター）」キーを押して確定するとSUM関数が入力されます。

図の手順を逆にして、先に合計する範囲を選択してから［Σ］ボタンをクリックすると、選択した範囲のすぐ下のセルに計算結果が出力されることも覚えておきましょう。

6.3.5 ROUND関数の入力

商品の価格によっては、「消費税額」に1円未満の端数が出ることも考えられるので、このセルの値は小数点以下を四捨五入するようにしておきましょう。数値を指定した桁数で四捨五入するには、ROUND関数を使うとよいでしょう。この関数の引数は四捨五入の対象になる「数値」と、何桁目で四捨五入するかを指定する「桁数」の二つだけです。また、ROUND関数と同様の関数に、指定した桁数で数値を切り上げるROUNDUP関数、指定した桁数で数値を切り捨てるROUNDDOWN関数があるので、これらもまとめて覚えておくとよいでしょう（図6.17）。

数式パレットを開く手順はVLOOKUP関数の場合と同様です。「数値」には「合計額」と「消費税率」とかけた数値を、「桁数」には「0」を指定します（図6.18）。

図6.17 ROUND関数の引数

1円未満の消費税額を四捨五入する式

「合計額」が入力されたセル 「消費税率（5％）」が入力されたセル

＝ROUND(C15*E15 ， 0)

↑ ↑ ↑
関数名 　　　　数値　　　　　　　　　四捨五入後の桁数

　　　　「合計額」と「消費税率」　　　整数の場合は「0」を入力する。
　　　　をかけた数値　　　　　　　　整数部が十の位なら「−1」、
　　　　　　　　　　　　　　　　　　百の位なら「−2」になる

図 6.18　ROUND 関数の使い方

6.3.6　IF 関数：空白時のエラー値を非表示にする

　「商品コード」のセルにコード番号を入力したとき「商品名」が自動的に入力されるようにするには、「商品名」のセルにあらかじめ VLOOKUP 関数を入力しておく必要があります。しかし、VLOOKUP 関数は「検索値（作成例ではコード番号を入力するセル）が空白だとエラー値「#N/A!」が表示されてしまいます。これでは見た目が悪いので印刷時にはエラー値を削除することになりますが、VLOOKUP 関数と IF 関数を組み合わせて使うという対策もあります。IF 関数を使って「商品コード」が空白のときはそのまま空白を表示し、コード番号が入力されたときに VLOOKUP 関数が実行されるようにするわけです。なお、図 6.19 の式は［E19］のセルに入力するものです。

　SUM 関数や数式の場合も、指定したセルおよびセル範囲に数値がないと「0」やエラー値「#VALUE!」が表示されるので、同じように IF 関数と組み合わせます。このように関数を組み合わせる場合は、まず数式パレットを使って VLOOKUP 関数や SUM 関数を入力し、あとから数式バー上で IF 関数の部分を直接入力するのが簡単です。

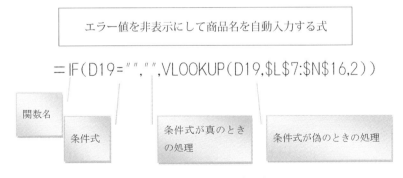

図 6.19　IF 関数の使い方

98   6.3 関数の応用

━━ 演 習 6-2 ━━

請求書の作成（関数応用）

（1）6.3.1～6.3.6 項に従って、請求書を作成してください。なお、商品リストは独自のものを作ること。

（2）商品 No.1～6 までを表示させて印刷してください。

7 プレゼンテーション

学修目標

① プレゼンテーションの理解
プレゼンテーションの組み立てと表現方法を理解し、プレゼンテーションソフトを用いて資料を作成し、5分程度の発表を行うことができる。
(PowerPoint の機能としてテーマ設定、アウトライン、レイアウト、図形等挿入、アニメーション、印刷資料の作成などを活用できる)

② 他人のプレゼンテーションの評価
プレゼンテーションを評価するポイントを理解し、改善点を見出すことができる。

現代社会は、グローバル化の進展とともに、多様な価値観を許容する時代になってきました。それは、社会に生きる1人1人が、自分とは異なる価値観をもつ人々を尊重し、お互いを認めあう時代になったということです。そして、お互いの価値観を認めあうためには、相手の立場に立って考えることや、自分の考えを相手にきちんと伝えることが必要になってきます。本章では、以下の2つの力を身につけることによって、時代の求める**コミュニケーション能力**を鍛え上げていくことを目的とします。

・プレゼンテーションの基礎を学び、実践に生かせる力
・プレゼンテーションを実践して、自分の考えを自分の言葉を使って相手に伝える力

本章は3つの部分で構成されています。まずプレゼンテーションの基礎を学び、次に具体的な資料の作成方法を学んで、最後にプレゼンテーションの実践方法とマナーについて学習していきます。

7.1　プレゼンテーションの基礎

7.1.1　プレゼンテーションとは何か

プレゼンテーションとは、「自分の考えを他者が理解できるように、目に見える形で示すこと」です。ゼミでの研究発表会や、企業の新商品説明会、複数の企業がアイディアを競い合うコンペティションなどで、プレゼンテーションが行われています。

しかし、単に自分の考えを提示するだけでは不十分です。なぜなら、プレゼンテーションは聞き手に自分の考えを受け容れてもらうために行われるものだからです。そのためには、聞き手に関する情報や、与えられる時間、場所、設備などの条件をしっかり把握しておくことが必要になってくるでしょう。そのような条件を十分に考慮せず、聞き手が得るものが何もなかったと感じたり、行動を変えることがなければ、そのプレゼンテーションは自分の考えを一方的に示しただけの、ただの自己満足になってしまいます。

したがってより厳密にいうと、プレゼンテーションとは「与えられた条件のもとで、自分のもっている情報・事実・考えなどを聞き手にわかりやすく提示し、受け入れてもらうための行動である」といえます。

7.1.2　プレゼンテーションの種類

プレゼンテーションは、その目的や規模に応じて、内容や特徴が異なります。たとえば、1人を相手にしてプレゼンテーションを行う場合と、大人数を相手にしてそれを行う場合とでは、当然その方法は異なってくることは明らかです。前者の場合は聞き手との距離も近いため、その人の興味に応じた話を展開すればよく、マイクや大きなスクリーンを使う必要はないでしょう。逆に後者の場合は、それらのツールがなければ自分の考えを伝えることは難しくなるでしょうし、内容についても多くの人に共感できるような話を盛り込む必要があるはずです。

また、プレゼンテーションには、

(a) 報告を目的とするもの

(b) 説明を目的とするもの

(c) 説得を目的とするもの

の3つのタイプがあります。話し手は、目的にあったタイプを選んでプレゼンテーションを行います。

(a) は、情報を伝えることが第一の目的となりますので、正確で詳細なデータや客観的な事実がポイントになります。ビジネスの場において、誤った情報を報告されると、大きなトラブルにつながることはいうまでもありません。

(b) は、詳細な情報を伝えて、理解してもらうことが第一の目的となりますので、正確で詳細なデータや客観的事実に加え、話し手のスキルがポイントになってきます。いくら正確で詳細なデータがたくさんあっても、それをわかりやすく伝えることができなければ、聞き手は混乱します。

(c) は、提案したことを受け容れてもらうことが第一の目的となりますので、(a) と (b) のポイントに加え、聞き手が行動を変えるかどうかがポイントになります。その目的を達成するためには、聞き手のことをよく知るための準備や、十分に説得力のある根拠や証拠の準備が必要になります。したがって、この三つ目のタイプが、もっとも難易度の高いプレゼンテーションです。

このように、目的や規模に応じて、プレゼンテーションの内容や特徴が異なりますが、

本章では、三つ目の説得を目的とするタイプのプレゼンテーションの方法について学習していくことにします。というのも、このタイプのプレゼンテーションは、聞き手のことを知るための努力と、自分の考えを伝えるための努力が必要になってくるのであり、本章の冒頭で述べたコミュニケーション能力を高めるという目的を達成するために適しているからです。

7.1.3 プレゼンテーションのポイント

プレゼンテーションには、次の5つのポイントがあります。
- (a) 徹底して聞き手の立場に立つ
- (b) 主張、論点を明確にする
- (c) 根拠のある説明を行う
- (d) 視覚資料を活用する
- (e) 伝え方を工夫する

(a) は、プレゼンテーションの準備の段階から実際にプレゼンテーションを終えるまで、一貫して念頭に置くべき最重要ポイントです。なぜなら、聞き手は自分の時間を割いて足を運んでくるのであり、何らかの期待をもってプレゼンテーションに参加しているからです。聞き手の期待に応えられなければ、そのプレゼンテーションは話し手の自己満足になってしまいます。聞き手の期待に応えるためには、徹底して聞き手の立場に立ち、聞き手が何を求めているのか、情報をしっかり集め、その上で自分の考えを伝えるための入念な準備が必要になってきます。

(b) のポイントは、徹底すると (a) のポイントにつながります。なぜなら、主張が曖昧で論点が不明確なプレゼンテーションは、どこに注目して話を聞けばよいかわからず、聞き手のフラストレーションが溜まるからです。そうなると、もはや聞き手の立場に立っていることにはなりません。そこで、自分の主張や論点を明確にするために、あれこれの主張や論点を盛り込むのではなく、内容を絞ることが必要になってきます。

しかし、自分の主張や論点を明確にするだけでは十分とはいえません。なぜなら、聞き手は自分にとって役立つ情報を聞きたい、自分の知らないことを正確に理解したい、何かのきっかけを得るための根拠がほしい、といった期待をもってプレゼンテーションに参加しているからです。そこで (c) のポイントに注意することになってきます。つまり、聞き手が納得するために、自分の主張に十分な根拠と証拠を用意する必要があるということです。

プレゼンテーションは、「自分の持っている情報・事実・考えを聞き手にわかりやすく提示するために行われる」ものですが、言葉だけで自分の考えを相手に十分に伝えることが難しいのは、日常的な経験からも明らかでしょう。いくらコミュニケーションを頻繁にとっている仲の良い夫婦であっても、些細なことから意見が食い違い、喧嘩になってしまうことはよくあることです。それは、言語によるコミュニケーションでは、話し手は自分の考えていることのイメージのほんの一部しか表現できていないと考えられるからです。

また、聞き手のほうも話し手の言葉をもとにして、その内容を理解しようとイメージを膨らませますが、同じ内容を話しても、人によって受けとり方が違うことはよくあることです。

したがって、自分の伝えたいことをできるだけ正確に伝えるためには、言葉で伝えるだけでなく、視覚情報に訴えることが必要になってきます。人間は、視覚から受ける情報が、五感の中でもっとも印象に残りやすい刺激であり、約8割の情報を視覚から得ているともいわれています。それに対して、聴覚からの情報は、約1割にすぎないようです。このことからも、視覚資料を有効に活用することがポイントになります。

5つ目のポイントは、伝え方を工夫することです。ただ闇雲に情報を羅列しただけでは、聞き手も混乱します。わかりやすく伝えるためには、話の筋を整理して伝えることが必要です。つまり、論理的な構成にするということになります。また、声のトーンやテンポにも気を配ったり、原稿を棒読みするのではなく、視線を聞き手に向けるなど話し方の工夫も必要になるでしょう。

7.1.4 プレゼンテーション本番までの流れ

では、実際にプレゼンテーションの本番を迎えるまで、どのような過程で準備を進めていけばよいか、図7.1でその流れを確認してみましょう。

①から⑤の流れは、5.3.4項で学習した論証型レポートを作成する手順と同じです。なぜなら、聞き手を説得することを目的とするプレゼンテーションは、明確な主張とそれを支える十分な根拠と証拠が必要になるのであり、これは、論証型レポートを作成する際のポイントとまったく同じだからです。

⑥の発表資料は、手書きで作成する場合もありますが、Microsoft社のWordやExcel、PowerPointといったソフトを使って作成するのが一般的です。

⑦の発表原稿は、基本的に発表の練習をするために作成するものです。本番では、用意した原稿を棒読みするのではなく、内容のポイントをスライドで確認して、聞き手の顔をみながら自然体で語りかけましょう。

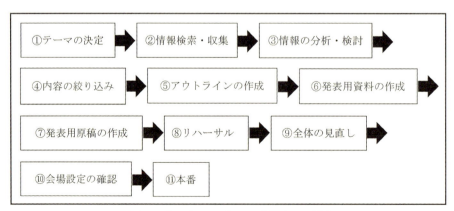

図7.1　プレゼンテーション本番までの流れ

作成した資料と原稿をもとに、⑧のリハーサルを行います。リハーサルを行うことで、修正が必要な部分が見えてきます。その部分を中心に、改めて全体を見直します（⑨）。内容に不安が残る場合は、時間の許す限り修正・加筆して、自信をもってプレゼンテーションに臨めるようにしておきましょう。

本番当日（あるいは前日）の発表が始まる前に、会場の設備を確認しておきます（⑩）。PCの接続はどうなっているか、操作に問題はないか、マイクの音量の確認、資料の配布方法など、スムーズに発表に入れるようにしておきましょう。とくに、PCやデータを保存したUSBメモリなどのハードウェアは、故障トラブルを想定して複数用意しておくとよいでしょう。

発表本番（⑪）では、落ち着いて、聞き手の様子をみながら、自信をもって発表しましょう。

7.1.5 プレゼンテーションの構成

7.1.3項のプレゼンテーションの5つ目のポイントで述べたように、聞き手にしっかりと内容を伝えるためには、プレゼンテーションの構成を論理的にする必要があります。基本的な構成は、序論、本論、結論の3部構成です。この点も、論証型レポートの構成と共通しています。ここでは、構成表の形式を例示し、それぞれの項目の詳細については、7.2.3項の「構成と内容」の項で説明します。構成表は、アウトラインに該当します。PowerPointでスライドを作成しながらアウトラインを作ることもできますが、以下で示すように、1ページ程度に収まる構成表を作成すると、プレゼンテーションの全体像をみることができて、論理構成を確認するには、とても便利です（図7.2）。

図7.2　プレゼンテーションの構成表

7.2 資料作成と事前準備

7.2.1 資料作成の手順とポイント

資料作成の手順は、7.1.4 項の図 7.1「プレゼンテーション本番までの流れ」で示した①から⑦の部分に該当します。先ほどは、①から⑦までを単線的に示しましたが、実際の資料作成では、図 7.3 に示すように、それぞれの項目を行きつ戻りつ繰り返し、資料を完成させていきます。

①の「テーマの決定」は、プレゼンテーションの出発点になります。自分の話す内容の中心を決めることになります。図表にも示してあるように、出発点であるものの、②の情報検索・収集や③情報の分析・検討を加え、④で内容を絞り込んだ後、テーマを修正することも可能です。なぜなら、調べていくうちに、最初に決定したテーマが、実際に自分の話したいこととずれていることも考えられるからです。

②の「情報検索・収集」は、プレゼンテーションを成功させるために、しっかり行う必要があります。なぜなら、十分な証拠資料をもとに自分の考えを述べれば、より説得力が増すからです。また、聞き手にとって有用で、正確な情報を集めることは、聞き手の要望に応えるために必要不可欠だからです。情報検索・収集の具体的な方法については、次項 7.2.2 項で説明します。

③の「情報の分析・検討」は、②と並行して行います。なぜなら、闇雲に情報を集めているだけでは、いくら時間があっても足りないからです。また、プレゼンテーションで自分が話す内容からずれた情報を使用すれば、聞き手は混乱するからです。集めた情報をしっかり分析・検討し、無駄のない発表ができるようにしましょう。

②と③の作業を繰り返すなかで、材料がある程度そろってきたら、自分がもっとも強調したい主張内容に照らして、情報を取捨選択していきます。これが④の「内容の絞り込

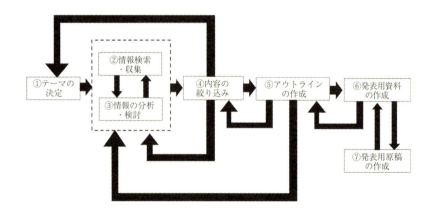

図 7.3　資料作成の手順

み」になります。うまく絞り込めない場合は、情報が不足しているか、情報の分析が不十分な可能性があります。その時は②と③の作業に戻るか、場合によっては①のテーマそのものに修正・変更を加える必要があります。

　内容の絞り込みがすんだら、構成を考えます。⑤のアウトラインの作成です。聞き手に自分のもっている情報・事実・考えをわかりやすく伝えるためには、論理的な構成にする必要があることはこれまでにも述べてきました。7.1.5 項で示した、図 7.2「プレゼンテーションの構成表」を利用してみましょう。ここで、もしアウトラインの作成に手間取ってしまうなら、一度立ち止まる必要があります。情報が足りないのなら②と③の作業へ戻り、情報が多すぎるのであれば④の作業へ戻って、自分の思考を整理しましょう。

　ここまで作業が進んできたら、いよいよ⑥の「発表用資料の作成」です。PowerPoint を使って、アウトラインに沿いながら、1 枚ずつスライドを作成していきます。スライド作成時のポイントについては、7.2.4 項の「資料作成時の注意点」で改めて説明します。

　⑦の「発表用原稿の作成」は、発表用資料に沿って作成します。当然、資料に変更があれば、原稿にも変更が加えられます。先にも述べたように、原稿はあくまで発表の練習用に作成するものです。1 分間で話す分量を 200 〜 250 文字程度におさめ、ゆっくり話せるような分量にしておきます。

　以上、それぞれの項目について簡単にポイントを紹介してきましたが、全体の過程は論証型レポートを作成する過程とほぼ同じです。違いがあるとすれば、レポートの作成よりも、内容をシンプルにまとめるよう心掛けることです。なぜなら、プレゼンテーションでは、話し手の考えを資料を読んで理解してもらうのではなく、話す内容を聞いて理解してもらうことが中心になるからです。「徹底して聞き手の立場に立つ」ことを常に意識して資料を作成しましょう。

7.2.2　情報検索・収集の仕方と注意点

　情報検索・収集は、インターネットや図書館を利用すると便利です。論証型レポートを作成する時に行う情報検索・収集と同様に、インターネットの検索エンジンや、図書館のデータベースを利用するとよいでしょう。具体的な方法については繰り返しになるので説明を省きますが、6.3.6 項を参照してみてください。

　情報検索・収集を進めていくうえでもっとも注意すべき点は、やはり情報の信頼性・信憑性です。インターネットを使って情報を集める場合はとくに注意が必要です。6.3.6 項の「情報の検索・収集と整理」でも述べましたが、大学や政府機関、地方自治体やマスコミなど公共性があり、信頼できる機関によって公表されている情報や資料を使用すると、プレゼンテーションの信頼度が増します。

　しかし、インターネットで集めた情報が、必ずしも、いい加減なものばかりであるとも限りません。優れた論評や、重要で斬新な情報やアイディアがインターネット上に存在するのも事実です。それらの情報をしっかり分析し、自分の頭で判断して利用すれば、よい素材となるはずです。その際は、情報の出典を明記しましょう。そうすることで、第三者

がその情報を検証することができます。

逆に、いくら信頼できる機関によって公表された情報であっても、それを鵜呑みにしてそのまま用いてはいけません。なぜならそのような情報も間違っている可能性があるからです。必ず自分なりに分析・検討を加えてから使用するようにしましょう。

大切なことは、情報をしっかり分析し、検討を加え、自分がその情報を使用する根拠を明確に述べられるかどうかであり、それができなければ、その情報を他者に安易に伝えることは控えるべきでしょう。

7.2.3　構成と内容

7.1.5 項で、序論、本論、結論からなる、構成の基本公式を紹介しました。ここでは、その具体的な内容について説明していきます。

序論は、プレゼンテーションの入口です。全体の分量の 10 ％で収めます。ここで聞き手の心をうまく掴むことができれば、聞き手が興味・関心を最後まで持続しやすくするという役目を果たす、重要な部分になります。したがって、序論ではプレゼンテーションがうまく展開するよう工夫するとともに、本論へのスムーズな導入となることが求められます。ここでは、主に 3 つのことを述べます。まず、簡単なあいさつと自己紹介から始めます。聞き手によい印象や、興味・関心をもってもらうために、最近話題になっていることなどを盛り込むといった工夫もなされます。次に、プレゼンテーションの目的や、自分の伝えたい内容を要約して説明します。そうすることで、聞き手はどの点に注目して話を聞けばよいか、検討をつけることができます。最後に、本論の予告を述べます。章ごとに、簡潔に内容を紹介するとよいでしょう。

本論はレポートの中心部分で、全体の分量の 70 ～ 80 ％を占めます。ここでは、自分のもっている情報・事実・考えを項目ごとに分けて展開します。多くの情報を盛り込まず、主張や論点は 3 つ程度に絞り込みます。その際、客観的なデータや資料、広く認められた研究成果などを用いてそれらを自分の主張の根拠や証拠として示せば、説得的なプレゼンテーションになるでしょう。また、わかりやすい具体的な事例を盛り込むと、聞き手の理解を助けることができます。

結論は、プレゼンテーションのまとめになります。全体の分量の 10 ～ 20 ％くらいでまとめるとよいでしょう。本論で述べた要点を簡潔に述べ、重要なポイントは繰り返し説明します。そうすることで、このプレゼンテーションで話し手が何を伝えたかったのかを聞き手は再確認することができます。最後は終わりのあいさつで締めます。

以上、序論、本論、結論からなる基本構成の具体的な内容についてみてきました。7.1.5項で示した図 7.2 の「プレゼンテーションの構成表」のフォームをベースに作成したアウトラインを図 7.4 に示しますので、参考にしてみてください。

プレゼンテーションの目的
受験生に向けて、4年制大学にはない特色を湘北短期大学の魅力として、在学生の目線で紹介する。

タイトル
面倒見の良さなら負けません！湘北短期大学での充実した学生生活

序論
2年間と短い時間で、いかに充実した大学生活を送ることができるかは自分の振る舞いによるところが大きい。しかし、それをサポートする体制が整っているかどうかも極めて重要だ。湘北短期大学は特に「社会で本当に役立つ人材」の育成を目指しており、社会人に必要とされる知識や技術、マナー等を身につけることのできるカリキュラムが用意されている。また、教職員と生徒の距離が近く、気軽に何でも相談できる雰囲気もある。委員会活動やサークル活動も盛んで、密度の濃い大学生活を送ることができる。4年制大学にはない魅力を学習面、学生生活面、就職の面の3つから紹介する。

本論		
大項目	小項目	調査・取材の必要な情報
1. スタディライフ	・仕事に直結する4つの学科 ・3つの科目群（基礎スキルを身につける、社会について探究する、主体的に行動する） ・充実したインターンシップ・プログラム ・国際理解教育カリキュラム ・最先端のICT環境	・学科ごとのカリキュラムの図解 ・科目群の分類図 ・インターンシップ経験談の紹介 ・留学の事例 ・コンピュータの使用例
2. キャンパスライフ	・アットホームなキャンパス ・サークル、委員会活動の充実 ・楽しみ方いっぱいの本格レストラン ・スクールバスでの送迎 ・学長と祝う誕生会 ・充実の奨学制度	・キャンパスの写真 ・サークル、委員会活動の紹介インタビュー ・レストランメニュー ・誕生会の写真 ・奨学制度の表
3. キャリアサポート	・高い就職率 ・就職に強い6つの理由 ・学内合同企業説明会の開催 ・学生、教員、職員との三者面談 ・卒業生との交流 ・留学、編入学サポート	・就職率のデータ ・キャリアサポートの図解 ・卒業生の主な就職先 ・内定者の声 ・卒業生へのインタビュー ・留学、編入経験者の声

結論
・短期大学は、その短い在学期間から、学習面や就職面で4年制大学に見劣りするのではないかという懸念があった。しかし、湘北短期大学は、そうした懸念を払拭するのに十分なカリキュラムが組まれ、教職員のサポート体制も整い、面倒見のよい大学であることを実感している。 ・本学の魅力を次の3点にまとめることができる。 　1. 社会人として必要な知識やスキルを、実践を意識した授業を通して修得することができる 　2. サークルや委員会活動を通して、学年や学科を超えた交流ができ、楽しい学生生活が送れる 　3. 就職支援が手厚く、教職員が親身になって学生の相談にのってくれる ・小規模であるからこそできる面倒見の良さで、短いながらも濃い学生生活を望む人にはぴったりの大学である。

図7.4　プレゼンテーションのアウトライン（例）

7.2.4 資料作成時の注意点

　発表用の資料は、模造紙を使って手書きで行ったり、レジュメとして Word や Excel で作成したりもしますが、ここでは PowerPoint のスライドを使って資料作成する際の注意点について説明します。主に、次の 5 つの点に注意します。

(a) 聞き手の理解を助けるための資料であること

(b) スライドの枚数

(c) 文字の装飾や図表・画像・アニメーションの活用

(d) 箇条書きの利用

(e) 出典の明記

　(a) はもっとも注意すべき点になります。(b) から (e) の注意点は、すべてこの「聞き手の理解を助けるための資料であること」といえます。スライドは、話し手のメモにならないようにわかりやすく作成しましょう。

　(b) のスライドの枚数は、与えられた発表時間に応じて調整します。1 枚のスライドにつき、1 分間の説明が適度な情報量だといわれています。スライド枚数が多すぎると各スライドを示す時間もそれだけ短縮され、聞き手がスライドを読む時間がなくなってしまいます。

　自分の主張をよりわかりやすく伝えるための工夫の 1 つが、(c) の文字の装飾や図表・画像・アニメーションの活用です。必要に応じて文字の大きさを変えたり、強調したりします。図表や画像やアニメーションを利用することで聞き手が話の内容をイメージしやすくなり、話し手の考えを効果的に伝えることができるようになります。しかし、無用な飾り文字や、アニメーションを多用することは、かえって聞き手の理解を妨げることにもなるので避けましょう。図表や画像には通し番号をふり、タイトルをつけます。スライドに図表を掲載したときは、その内容を必ず説明します。その説明がなければ、聞き手は何のための図表であるのかわからず、混乱するからです。

　長い文章は、聞き手を疲弊させてしまいます。1 枚のスライドに文字を詰め込みすぎないよう、(d) の箇条書きを利用して、伝える内容を明確にしましょう。

　文章を引用したり図表や画像を引用した場合は、必ず出典を明記します。これが 5 つめの注意事項です。出典を明記しない場合は、剽窃（盗用）になります。(e) の出典の明記は、5.3 節のレポート作成の際にも説明した通りです。引用の仕方や出典の示し方については、5.3.8 項を参照してください。公表されているデータを用いて図表を自分で作成した場合は、元データの出典を明らかにした上で、図表に加工したことを明示しましょう（例：○○のデータをもとにグラフを作成）。

7.2.5 リハーサルと全体の見直し

　発表資料の作成を終えたら、必ずリハーサルを行いましょう。いくら内容の充実した資

料ができても、本番でうまく話すことができなければ、それまでの準備が無駄になってしまいます。2020年の東京オリンピック開催が決まったとき、日本の招致団のプレゼンテーションが話題になりましたが、そのコーチングを引き受けたマーティン・ニューマン氏は、プレゼンテーション1分間につき8時間の練習をプレゼンターに求めたと、雑誌のインタビューで述べています（岡本、2014）[3]。単純に、5分間のプレゼンテーションでは、40時間の練習が必要だということです。プレゼンテーションを成功させるためには、その位のリハーサルが必要だということなのです。

日本の招致団と同じような練習時間をかけなくとも、リハーサルを行うことで本番で慌てることもなくなり、自信にもつながるはずです。また、リハーサルの過程で発表内容の不備に気づくこともでき、発表資料に修正を加えることができます。そして何よりも発表時間がどの程度になるかを確認することができ、早口になってしまっていないか、時間内におさまっているかということなどを知ることができます。

このように、リハーサルを行うことは、メリットになることはあっても、デメリットになることはない、有効な作業といえるでしょう。

7.3 プレゼンテーションの実践とマナー

7.3.1 プレゼンテーションを実施する上での留意点

発表用資料の準備が整ったら、いよいよ本番です。口頭発表における留意点として、発表の態度・姿勢、発表時間、質問に対する態度、発表手段の工夫、の4つの点に着目して、それぞれ説明を加えていきます。

まずは正しい姿勢で発表するようにしましょう。うつむいたり、だらしない姿勢で立つと、聞き手の印象が悪くなります。腕を組んだり、顔や頭を触りながら話すことも同様です。聞き手を見渡し、アイコンタクトをしながら、会場全体によく聞き取れる声の大きさで話していきます。緊張すると早口になりがちですが、落ち着いて聞きやすいスピードで話すようにします。重要なポイントはゆっくりと、大きな声で強調すると効果的です。話し言葉や流行り言葉の使用は避けて、適切な言葉を使って丁寧に話します。発表用原稿の棒読みは避けましょう。原稿を棒読みすると、プレゼンテーションの魅力が薄れ、聞き手の印象に残りづらくなります。プレゼンテーションは、聞き手と話し手とのコミュニケーションですから、相手に語りかけるという姿勢を常に心がけましょう。

次に、発表は時間内で終えるようにしましょう。与えられた時間を過ぎて発表を続けると、聞き手の集中力はどんどん低下していきますし、その他のスケジュールにも影響して多くの人に迷惑がかかります。また、逆に、与えられた時間よりもかなり早く終えてしまう発表も、準備不足あるいは手抜きという印象を聞き手に与えてしまいます。時間をうまく使えるように、リハーサルをしっかり行っておきましょう。

そして、質問に対する謙虚な態度が求められます。発表者は質問事項をメモにとり、質

問者にその内容を繰り返させないようにします。質問は、発表者を攻撃するためになされるものではなく、お互いの理解を深めるためになされるものです。感情的になって質問者に攻撃的な態度をとったり、質問に対して質問で返すような「逆質問」は避けなければなりません。また、質問に対して沈黙を続けたり、質問の意図を無視して自分の主張だけを繰り返すような回答もやめましょう。質問に対しては、謙虚な姿勢で受けとめ、誠実に一つひとつ丁寧に回答していきます。

　最後に、発表手段の工夫として、スライドだけでなく配布資料を用意するとよいでしょう。配布資料があれば、聞き手はスライドでは読みにくい細かな資料や、聞き逃してしまった項目を改めて確認し、理解を助けることができます。また、PC やスライドを投影するプロジェクターが突然故障してしまうというトラブルが生じる可能性もゼロとはいえません。配布資料を用意しておけば、そうしたツールを使わなくても発表が続けられます。配布資料はレジュメとして発表内容を要約して簡潔に示すとよいでしょう。7.1.5 項や 7.2.3 項で示した構成表（アウトライン）に手を加えて作成することもできます。スライドをプリントアウトして配布資料にする場合もあるので、発表方法に応じて各自で工夫しましょう。

　以上のように、プレゼンテーションを実施する上での留意点を 4 点ほど述べてきましたが、どの点にも共通することは、「相手の立場に立つ」ことを徹底するということです。その点を意識して発表に臨めば、プレゼンテーションは成功に近づくはずです。

7.3.2　プレゼンテーションへの参加の仕方

　これまでの項目では、プレゼンテーションを行う発表者（＝話し手）の立場から、学ぶ内容を論じてきました。ここでは、聴衆（＝聞き手）の立場でプレゼンテーションに参加する場合のポイントについて述べていきます。

　プレゼンテーションに聴衆として参加することで、自分が発表者の立場になったときの様子もイメージすることができます。また、質問を通して議論を行い、お互いの理解を深めることもできます。したがって、プレゼンテーションには積極的に学ぶ意識をもって参加することが重要です。以下の 3 つのポイントに留意して参加しましょう。

　まず重要なポイントは、他の人の発表テーマについて予習をしてから参加するということです。事前にそのテーマに関する問題点や疑問点などを整理しておくとよいでしょう。

　次に重要なポイントは、ノート・メモをとりながら、発表を聞くことです。記録することで、後から発表内容を確認でき、そこで得た知識やデータを、自分のプレゼンテーションに活かすこともできます。発表を聞きながら重要な点を抽出してノート・メモをとる作業は、論点整理能力が身につくと同時に、素早く内容を把握する能力も身につけることになります。これらの能力は、社会に出て仕事をする上でも、必要不可欠な力になります。また、発表に対して的確な質問ができるようになり、議論の質を高めることにもなるでしょう。

　最後に、質疑応答・議論へ参加する際のポイントです。質問する行為は、自分の考えを

確認し、整理するのに役立ちます。他者の優れた意見をとり入れ、曖昧な点を解消してい
くことで、自分の考えを鍛えていくことにもなります。また、議論を通じて新しい視点に
気づき、物事をさまざまな角度から捉えることもできるようになります。たとえ自分とは
異なる意見であっても、率直に意見を出し合い、議論を重ねていくことで、異なる考えや
価値観を尊重する姿勢も身につきます。建設的かつ前向きな議論を心掛け、攻撃的な発言
は避けるようにします。そうすることによって、コミュニケーション能力を高めるという
目的の達成にもつながるでしょう。

7.3.3　マナーについて

　プレゼンテーションを有意義なものにするためには、発表者による入念な準備と、聴衆
の積極的な参加が必要であることは、これまで学んできた通りです。言い換えれば、プレ
ゼンテーションを成功させる秘訣は、聞き手である聴衆と、話し手である発表者の「要望
の一致」ということになります。

　それ以外にも、プレゼンテーションを成功させるために必要なことは、必要最低限のマ
ナーを守ること、すなわち参加するすべての人がお互いに敬意を払い合うことです。

　発表者は、「徹底して聞き手の立場に立つ」ことで、聴衆に敬意を払います。入念な準
備と、どんな些細な質問に対しても誠実に回答するという姿勢などで示すことができるで
しょう。

　聴衆も同様に「話し手の立場に立つ」ことで発表者に敬意を払います。真剣に発表を聞
き、議論に参加するという姿勢などで示すことができるでしょう。居眠りや私語、携帯電
話やスマートフォンの使用、飲食（場合によっては飲み物は可）は厳禁です。

　このように、参加するすべての人が、気持ちよく参加し、有意義な時間を過ごすことが
できるよう、最低限のマナーを守ることが大切です。

7.3.4　プレゼンテーションの評価

　プレゼンテーションの機会は、大学生活のみならず、社会人として働き始めると、仕事
の場で求められることが多くなるでしょう。また、本章の冒頭でも述べたように、グロー
バル化の時代においては、異なる文化をもつ人々とのコミュニケーションが必要となり、
自分の考えを明確に相手に伝えるための機会も増えてくるはずです。

　こうしたことを考えると、プレゼンテーション能力を絶えず向上させていくことが求め
られているともいえます。そして、プレゼンテーション能力を向上させていくためには、
プレゼンテーションをやりっ放しにしておくのではなく、実施したプレゼンテーションの
結果を評価し、改善点を明らかにして、次の機会に活かすことが必要です。この過程を繰
り返すことで、プレゼンテーション能力は高まっていくでしょう。

　その評価には、聞き手からの評価と、自己評価の2つがあります。

　聞き手から評価を得るために、アンケートやコメントシートを活用するとよいでしょ
う。これらを使用することで、プレゼンテーションで伝えたい内容がうまく伝わったか、

どのように聞き手に受けとめられたか、具体的にどのような改善点があるか、といった点を把握することができます。ただ、その内容を自由に記述してもらうだけでは、客観的な評価としては不十分です。テーマ、タイトル、構成内容、話し方、時間管理、発表内容、スライド、配布資料などの項目をたて、3〜5段階評価をしてもらう、ルーブリック（評価規準、図 7.5）を活用すると便利です。

自己評価の方法としては、ビデオカメラやスマートフォンの動画撮影の機能を使って撮影し、記録された映像を見て、自分のプレゼンテーションを客観的に評価する方法が有効です。先述したルーブリックを使って自己評価することも、次の機会のプレゼンテーションに役立てるためのデータとして有効です。

7.3.5 プレゼンテーション能力の向上を目指して

7.3.4 項で示したように、プレゼンテーションの評価を行うことで、改善点を見出し、次のプレゼンテーションの機会に活かしていくことができてはじめて、その能力も向上していきます。聞き手から受ける他者評価と、自分自身で行う自己評価をうまく活用して、プレゼンテーション能力を高めていきましょう。

以上のことから、話し手は聞き手のコメントや反応によって育つということがわかります。また、聞き手は話し手から新たな情報や考えを得ることによって、自分の考えを深め、成長につながっていくということもわかります。つまり、相互学習を通して、聞き手も話し手も、自分自身を高めていくことができるということです。ですから、良い話し手は良い聞き手にもなりますし、逆のこともいえるでしょう。両方の立場に立ってプレゼンテーションに積極的に参加することが、その能力の向上につながる近道なのです。

そして、プレゼンテーション能力の向上はコミュニケーション能力の向上にもつながります。なぜなら、これら 2 つの能力の基礎にはお互いの立場を尊重し、理解しあう態度が据えられているからです。皆さんもぜひ、プレゼンテーションの学習に積極的に取り組んでみてください。

7　プレゼンテーション　113

		3	2	1	0
テーマ	テーマの提示 論点の提示	独創的かつ明確である	適切である	説明が不十分	示していない
タイトル	インパクトがあり、発表内容との整合性がある	独創的かつ明確である	適切である	説明が不十分	示していない
構成内容	序論・本論・結論の三部構成になっている	明確である	ほぼできている	不十分なところがある	示していない
話し方	冒頭で、目的や概要を簡潔に話す	明瞭でわかりやすい	概要を示している	わかりづらいところがある	示していない
	原稿は読まない、適切なアイコンタクト	聞き手に語りかけている	ほぼ適切である	ほぼ原稿を読んでいた	何を言いたいか不明
	聞き取りやすいスピードと発音で、あせらず、ゆっくり、堂々と話す	明瞭で、聞き取りやすい	ほぼ適切である	わかりづらいところがある	聞きづらい
	声の大きさとトーン 小さ過ぎず、張り上げず	明瞭で、聞き取りやすい	ほぼ適切である	わかりづらいところがある	聞きづらい
管理時間	時間配分を考えて、全体が構成されている	制限時間、時間配分が的確である	ほぼできている	時間を経過している	時間を超過で時間切れ
スライド	1分に1枚程度の分量	的確である	ほぼできている	少し多過ぎ、少し説明が足りない	多過ぎ、少な過ぎで、説明不十分
	シンプルでわかりやすい読める大きさの文字	的確でわかりやすい	ほぼできている	一部わかりづらい	わかりづらい
	スライドと内容が一致している	一致して、タイミングもよかった	ほぼできている	一部わかりづらい	一致していない
	表や図に、題名、出典が明記されている	明確である	ほぼできている	不十分なところがある	示していない
配布資料	見出し	論理の流れが読める	示している	内容と合っていない	示していない
	内容を簡潔にまとめている	明確である	ほぼできている	不十分なところがある	示していない
	出典を明記している	明確である	ほぼできている	不十分なところがある	示していない
	スライドでわからない詳細な資料を添付している	明確である	ほぼできている	不十分なところがある	示していない
自由記述欄					

図7.5　プレゼンテーションのルーブリック（評価指標）*1

*1　出典：井下千以子、思考を鍛えるレポート・論文作成法、慶応義塾大学出版会（2013）、p.150 の付録5-4 をもとに作図.

◆ **参考文献**

1 池内健治・髙澤圭一、30 時間アカデミック プレゼンテーション +PowerPoint2007/2010、実教出版（2010）.

2 井下千以子、思考を鍛えるレポート・論文作成法、慶應義塾大学出版会（2013）.

3 岡本純子、「2020 東京チームの師、プレゼン必勝法を語る」、東洋経済オンライン（2014）、http://toyokeizai.net/articles/-/28802、閲覧 2018.1.26.

4 実教出版編修部編、30 時間でマスタープレゼンテーション + PowerPoint2010、実教出版（2011）.

5 森脇道子監修・武田秀子編、ビジネスシリーズ ビジネスプレゼンテーション 改訂版、実教出版（2011）.

索　引

■—あ行

アナログ RGB	25
アナログ信号	28
アルゴリズム	30
インターネット	36
引用	14, 15, 73, 108
ウェアラブルコンピュータ	20
応用ソフトウェア	2, 25, 26
オンラインストレージ	
サービス	50

■—か行

解像度	24
基本ソフトウェア	2, 25, 26
脚注	73
組込コンピュータ	19
クラウドコンピューティング	
	49
繰り返し処理	31
クロック数	21
敬称	62
結語	63
結論	71
件名	10, 63
コア	21
後注	73

■—さ行

サーバ	19
私的利用	14
主記憶装置	22
受信者名	62
主文	63
順次処理	30
序論	70
ストレージ	20, 22
スマートフォン	2, 6
前文	63

■—た、な行

知的所有権	12, 16
知的所有権法	12, 66
注	73
中央処理装置	20
著作権	12, 66
著作者人格権	12, 13, 14
著作財産権	12, 13
ディレクトリ型	44
デスクトップ PC	19
データベース管理システム	26
頭語	63
動作周波数	21
流れ図	30
2 進数	27

■—は行

ノート PC	19
バイト	22, 27
パケット通信	35
バックアップ	22
発信者名	62
発信日付	62
ハードディスク	22
パレート図	91
ビジネス文書	60
ビット	27
標本化	28
付記	61
符号化	27
フレームレート	24
プログラミング	31
プログラミング言語	31
プログラム	31
フローチャート	30
分岐処理	31
文書番号	62
別記	63
補助記憶装置	22
本文	62
本論	71, 106

■—ま〜わ行

マイクロコンピュータ	19

索　引

前付け	62	量子化	29	D-Sub15 ピン	25	
末文	63	レポート	66	DVD	23, 38	
マルチコアプロセッサ	21			DVI	25	
		ロボット型	44	HDD	22	
ミドルウェア	26			HDMI	25	
		■—欧文		LMS	53	
メタ検索型	44			OS	2, 25	
メモリ	20, 22	ABC 分析	91	PC	1	
		Blu-ray Disc	23	RAM	22	
文字コード	28	CD	23	ROM	22	
モバイルコンピュータ	19	CGM	50	SSD	23	
モバイル端末	20	CPU	20, 21	URI	44	
		DBMS	26	VGA	25	

編著者略歴
小棹理子（おざお・りこ）
湘北短期大学総合ビジネス・情報学科教授。
1980年早稲田大学理工学部卒、1986年同大学理工学研究科修了、工学博士。
早稲田大学教育学部理学科助手を経て同学部非常勤講師。 1992年4月より湘北短期大学電子情報学科専任講師、2001年より同大学教授。2016年より同大学リベラルアーツセンター長。

大学一年生のための情報リテラシー

平成 30 年 3 月 15 日　発　行

編著者　　小　棹　理　子

発行者　　池　田　和　博

発行所　**丸善出版株式会社**
〒101-0051 東京都千代田区神田神保町二丁目17番
編 集：電話(03)3512-3266 ／ FAX(03)3512-3272
営 業：電話(03)3512-3256 ／ FAX(03)3512-3270
https://www.maruzen-publishing.co.jp

© Riko Ozao, 2018

組版印刷・製本／藤原印刷株式会社

ISBN 978-4-621-30279-8　C 3004　　　　　Printed in Japan

JCOPY 〈(社)出版者著作権管理機構 委託出版物〉
本書の無断複写は著作権法上での例外を除き禁じられています．複写される場合は，そのつど事前に，(社)出版者著作権管理機構（電話03-3513-6969，FAX 03-3513-6979，e-mail：info@jcopy.or.jp）の許諾を得てください．